白桦林里的守""
莫斯科大学

王子安 ◎ 主编

汕头大学出版社

图书在版编目（ＣＩＰ）数据

　　白桦林里的学府——莫斯科大学 / 王子安主编. --汕头：汕头大学出版社，2012.4（2024.1重印）
　　ISBN 978-7-5658-0719-0

　　Ⅰ.①白… Ⅱ.①王… Ⅲ.①莫斯科大学－概况 Ⅳ.①G649.512.8

中国版本图书馆CIP数据核字（2012）第066394号

白桦林里的学府——莫斯科大学

| 主　　编：王子安 |
| 责任编辑：胡开祥 |
| 责任技编：黄东生 |
| 封面设计：君阅天下 |
| 出版发行：汕头大学出版社 |
| 　　　　　广东省汕头市汕头大学内　邮编：515063 |
| 电　　话：0754-82904613 |
| 印　　刷：河北浩润印刷有限公司 |
| 开　　本：710mm×1000mm　1/16 |
| 印　　张：12 |
| 字　　数：80千字 |
| 版　　次：2012年4月第1版 |
| 印　　次：2024年1月第2次印刷 |
| 定　　价：55.00元 |

ISBN 978-7-5658-0719-0

版权所有，翻版必究
如发现印装质量问题，请与承印厂联系退换

目 录

探寻历史

俄罗斯最古老的大学 …………………………………… 3
莫斯科大学百科全书式的创始人 ………………………… 10
麻雀山(原列宁山) …………………………………… 15
十月革命的前沿阵地 …………………………………… 18
二战的考验 ……………………………………………… 23

文学艺术殿堂

"俄罗斯空前绝后的文学泰斗" ………………………… 33
剧作大师 ………………………………………………… 40
批判现实主义文学巨匠 ………………………………… 48
俄国语言大师 …………………………………………… 56
"俄国文学之父" ……………………………………… 63
年轻多情的诗人 ………………………………………… 69
俄国革命准备期的伟大作家 …………………………… 75
现代抽象艺术大师 ……………………………………… 80
流亡作家索尔仁尼琴 …………………………………… 87

思想光芒

俄国文学评论家 …………………………………… 95
无政府主义的代表 …………………………………… 99

科学之光

数学派的创始者 …………………………………… 107
俄国生理学之父 …………………………………… 112
为"光明"事业而奋斗 ……………………………… 116
科学怪杰郎道 ……………………………………… 122
糖类物质的第一次合成 …………………………… 130

政界精英

前苏联第一任大总统 ……………………………… 137
俄罗斯政治斗争的弃子 …………………………… 143
俄罗斯的"法西斯"政客 …………………………… 147
克里姆林宫的"摄政公主" ………………………… 152
俄罗斯经济改革之父 ……………………………… 157
俄罗斯金融政治寡头 ……………………………… 160

华人风采

中国人口控制论的先行者 ………………………… 169
莫斯科大学分校的中国校长 ……………………… 173
偏微分方程专家 …………………………………… 179
"中国民法三杰"之一 ……………………………… 182
地质协会最高奖获得者 …………………………… 185

探寻历史

白桦林里的学府——莫斯科大学

俄罗斯最古老的大学

莫斯科大学的全称为"莫斯科国立罗蒙诺索夫大学"。现座落在莫斯科的麻雀山上,是俄罗斯最早最著名的综合性大学。1775年,教育

莫斯科大学

家 M. B. 罗蒙诺索夫上书伊丽莎白女皇的宠臣舒瓦洛夫,建议在莫斯科创办一所大学;1755年1月25日,"圣塔吉娅娜日"(俄旧历1月12日),女皇批准了罗蒙诺索夫的建议,颁令创建莫斯科大学;同年5月7日,莫斯科大学就举行了其历史上的第一个开学典礼。莫斯科大学创建日每年都作为莫斯科大学节来庆祝。1940年被命名为莫斯科国立罗

蒙诺索夫大学。

莫斯科大学成立至今已有250多年的历史，2002年排名世界第3位，不但是全俄罗斯最大的大学和学术中心，也是全世界最大和最著名的高等学府之一。

莫斯科大学初创时只有3个系，即哲学系、法律系和医学系。后增设数学－物理系，并将哲学系扩充为历史－语文系。附设有2所文科中学、一所师范学堂和一个印刷社。创办后的50年间，为俄国唯一的综合大学。19世纪初期，已形成主要由本校毕业生组成的较强的教学力量。19世纪30年代后加强学术研究活动，19世纪末20世纪初开始建立新型的科学研究机构。该校曾培养出不少杰出的人才，如教育家K. D. 乌申斯基，诗人M. U. 莱蒙托夫，作家I. S. 屠格涅夫，A. I. 赫尔岑，文学批评家B. G. 别林斯基等。许多科学家，如"俄罗斯航空之父"N. E. 茹科夫斯基、实验物理学奠基人A. G. 斯托列托夫等，都曾在该校从事教学和科研活动。

莫斯科大学从一开始就带有很强的世俗色彩和平民特征，它不像西欧许多大学那样具有很浓的宗教色彩，它一直没设神学系；它也不像稍后在彼得堡创办的皇村学校那样专门招收贵族子弟，学校最初的宪章上明确指出：除农奴之外的所有阶层均有入学的权利。罗蒙诺索夫曾就此说道："大学里最受尊重者为学习优秀者；他系何人之子则无关紧要。"因此，大量被称为"平民知识分子"的各阶层人士先后步入这座教育殿堂，在获得思想发展的同时，也为这所大学带来了清新的空气。18世纪后半期，在学校中任教的26位俄罗斯本土教授中，只有3位出身贵族。

莫斯科大学在传播科学知识方面起了举足轻重的作用。1756年，莫斯科大学开始发行俄罗斯第一张非政府报纸。从1756年以后的一百多年里，莫斯科大学图书馆是莫斯科唯一的公共图书馆。在莫斯科大学的协助和努力下，先后创办了喀山大学、彼得堡艺术学院、小剧院的功

能文化科学中心。

喀山大学

早在 19 世纪 60 年代，赫尔岑就将莫斯科大学称为"俄罗斯教育的核心"。一部《俄罗斯文化史》中这样写道："莫斯科大学的开办，如同科学院的设立一样，是一个最重大的社会文化事件。"莫斯科大学的建立，规范了俄罗斯的现代教育制度，在俄罗斯的教育启蒙运动中发挥了无可替代的作用。

莫斯科大学在风风雨雨的 200 多年时间里，像俄罗斯民族一样，也经历过许多磨难。在 1812 年抗击拿破仑入侵的战争中，莫斯科大学和莫斯科城一起被付之一炬，教学楼、图书馆、博物馆和教学设备全都荡然无存。但是，已经充分意识到大学重要性的俄罗斯人民，纷纷慷慨解囊，出资出力，捐书捐物，使得大学在莫斯科大火一年之后就复课了。在 1905 年革命期间，莫斯科大学的许多师生都曾投身运动，在政府对这些师生进行迫害时，为表示抗议，有 130 名教授和教师于 1911 年联合签署一份声明，主动离开了学校，使得学校一度濒临解散。

走进科学的殿堂

十月革命之后,莫斯科大学迎来了一个空前的发展机遇,政府向大学全额拨款,大学实行免费教育,使得更多的人有机会走进大学,像其他大学一样,莫斯科大学解除了所有的后顾之忧,获得了飞速的发展。但另一方面,由于不理解新的现实,学校中大量知名教授远走他乡,意识形态方面的控制,使得学校的自由民主空气日益淡化,与国外的学术交流也一度处于停滞状态,学校的教学和学术水平都有所下降。第二次世界大战期间,学校先后被疏散到阿什哈巴德和斯维尔德洛夫斯克等地,大学师生在战时积极参战,由师生们组成的第八民兵师在保卫莫斯科的战斗中发挥了重要作用,有5000余名莫斯科大学毕业生上了前线,在他们当中,有1000余人获得勋章,有7位获得苏联英雄的称号,有近3000人战死在疆场。

探寻历史

阿什哈巴德一景

莫斯科大学在俄罗斯的科学、教育发展史上占有重要地位,作出了巨大的贡献。一大批杰出的科学家、思想家、文学家、社会活动家,如:巴甫洛夫、米丘林、赫尔岑等曾在这里学习和工作过。同时莫斯科

白桦林里的学府——莫斯科大学

大学也是世界文化和科学发展中心之一。这里工作着一大批世界一流的专家学者,历史上共有 8 人获得过诺贝尔奖。作为综合性大学,莫斯科大学的特点是重视基础理论的研究。数学、物理、化学、生物、经济、语言文学、新闻、历史等基础学科实力雄厚,研究成果丰厚。拥有一批世界领先水平的实验室,同世界 150 多所知名大学、国际机构、实验室建立有密切的合作与交流关系。

赫尔岑曾在《往事与随想》中将莫斯科大学在 19 世纪上半期迅速发展的原因归结为这样三点:历史的重要性、地理位置、没有沙皇。他接着还写道:"它像一个大水库,容纳着来自俄罗斯各个地区、各个阶层的年轻力量;在它的讲堂里,学生们清除了从家庭中沾染到的偏见,达到了相同的发展水平,建立了兄弟般的友谊,然后又分散到了俄罗斯的各个地方和各个阶层。"正是在这一时期,后来成为"十二月党人"的许多青年知识分子都曾在莫斯科大学就读,著名的"别林斯基小组"、"赫尔岑小组"和"斯坦凯维奇小组"等也在校园内外展开积极的活动,著名教授格拉诺夫斯基在莫斯科大学讲授的历史课程,常常吸引来全莫斯科的知识分子,使得大学的课堂成了斯拉夫派和西方派激烈交锋的思想战场。

苏联的解体使莫斯科大学又一次陷入困境,一方面,大学要继续实行免费教育;另一方面,一直处在财政危机中的政府却拿不出钱来支持学校。在最困难的时候,莫斯科大学教授的月工资只有 20 美元左右,就连这样的工资还常常拖欠。

在 20 世纪 50 年代,大批留学苏联的中国留学生中,就有相当一部分人就读于莫斯科大学,他们按中国人的语言习惯,将莫斯科大学简称为"莫大"。那些骄傲的学子们是在国内精心选拔出来的,他们肩负着国家的嘱托在"莫大"刻苦学习,树立起了良好的口碑,直到今天,俄罗斯的老"莫大"师生们在谈到那一代中国留学

走进科学的殿堂

莫斯科河一景

探寻历史

生时仍都赞不绝口。反过来，"莫大"主楼中那些阳光明媚的阶梯教室和色调昏暗的走廊，那些与庞大的建筑主体显得很不成比例的狭小房间，以及楼边的白桦林和山脚下的莫斯科河，也都成了他们一生中最珍贵的记忆。

莫斯科大学是莫斯科及俄罗斯的文化中心。她拥有自然地理博物馆、人类学博物馆、动物博物馆、珍贵书籍博物馆等4个博物馆，4座天文观象台，以及一个面积近50公顷的植物园、各种科研机构和实验室。还有文化宫、运动场、体育馆、大礼堂、演播室、广场、大学生剧院、电影院等供学生休息的一切设施等，总占地面积320公顷。

莫斯科大学图书馆是俄罗斯最古老的图书馆之一，也是高校中最大的图书馆，建于1756年，共有藏书8,500,000册。该图书馆拥有6万多读者。每年约有180万人次光顾图书馆，借出图书400万册。该馆共有16个借书点，60个阅览室，3300个座位。馆藏书籍供莫斯科大学各教学、科研机构使用。而且莫大的每个系都有供学生读书的阅览室。

莫斯科大学图书馆

走进科学的殿堂

莫斯科大学百科全书式的创始人

米哈伊尔·罗蒙诺索夫（1711—1765），不仅是著名的诗人、史学家和画家、俄罗斯标准语言的奠基人，而且在自然科学的许多领域都有所建树。他是俄罗斯伟大的数学家、物理学家、语言学家、哲学家，莫斯科大学的创始人。

罗蒙诺索夫被世人誉为"俄国科学始祖"、俄罗斯的牛顿，百科全书式的人物。

1711年，罗蒙诺索夫出生于俄国北部霍尔莫果尔海滨的一个普通渔民之家，父亲是个勤劳勇敢的渔民，常年在海上劈风斩浪、撒网捕鱼。母亲善良而贤淑，在家操持家务。

10岁时，罗蒙诺索夫幸福的童年因母亲病世过早地结束了。他只好跟着父亲出海打渔。每天行驶在惊涛骇浪的大海上，海的博大奥妙培养了他坚毅顽强的性格，也开启了他好奇好学的强烈求知欲望。两年后，

罗蒙诺索夫

白桦林里的学府——莫斯科大学

父亲续娶,从此他的生活变得非常贫困、艰辛。继母是个凶狠而愚昧的女人,他的学习被迫中断了,但他仍然在艰苦的环境中寻找学习的机会。

因为没有条件学习,他不得不离开他的家,只身来到莫斯科求学,在一个好心神父的帮助下,他进入了只有贵族子弟才能进的斯拉夫—希腊—拉丁学院。这是当时莫斯科唯一的一所八年制学校,罗蒙诺索夫在这里过着艰苦的学习生活,他的唯一经济来源是学校提供的微薄津贴。由于他的勤奋好学,成绩优异,一年连跳三级。几年的功夫他就掌握了拉丁语、俄语和数学。1735年毕业时作为最优秀的学生被选拔到彼得堡科学院大学深造。1736年春天,作为三名优秀学生代表之一的罗蒙诺索夫被派往德国学习物理、化学和采矿学。

罗蒙诺索夫来到德国马尔堡大学,师从著名的物理化学家克里斯蒂安·沃尔夫。罗蒙诺索夫喜欢听这位教授讲的课,他同意沃尔夫的见

伽利略　　　　　　波义耳

解，科学研究工作的基础应该是实验。罗蒙诺索夫阅读了介绍波义耳和伽里略最新发现的资料，以及沃尔夫本人的许多新理论。但是他从来不同意老师的"燃素说"，更不赞成他那宇宙万物"先定的和谐"的唯心主义猜测。在科学上，他力求提出自己的独到见解。对其他科学家的假说，他的态度也是如此。

1741年，罗蒙诺索夫回到彼得堡科学院，任物理学副教授。尽管遭到冷遇，但仍以满腔的热情投入到科学研究工作之中。

在物理学方面，罗蒙诺索夫创立了热的动力学说，指出热是物质本身内部的运动，从本质上解释了热的现象；他提出了气体分子运动论，认为空气微粒对容器器壁的撞击是空气产生压力的结果；1741年，他创立了物质结构的原子—分子学说，认为微粒（分子）由极小的粒子（原子）所组成，如果物质是由同一种粒子组成的，它便是单质；如果物质是由几种不同粒子组成的，它们便是化合物，物质的性质并不是偶然形成的，它取决于组成物体微粒的性质……这些理论为俄国物理化学的发展奠定了基础。

1745年8月，罗蒙诺索夫成为彼得堡科学院院士和化学教授。

1746年，俄国科学院组织了一次史无前例的报告会，由35岁的罗蒙诺索夫用俄语做实验物理报告。他根据多年对物质结构的研究，提出了接近原子理论的微粒学说。

为了证明自然界根本没有"燃素"，罗蒙诺索夫在实验室里进行着一次次的实验。经过不懈的努力，自然科学史上具有划时代意义的伟大定律——物质不灭定律，在他的实验室里诞生了，他推翻了统治物理化学领域几个世纪的"燃素说"。

1748年秋，罗蒙诺索夫按照自己的计划创办了俄国第一个装备有精密的分析天平等仪器的化学实验室。他最先将定量方法引入化学分析中。

白桦林里的学府——莫斯科大学

1751年以后,罗蒙诺索夫做了多种试剂与各种溶剂进行的化学反应及其他化学反应的实验,并研究了其相互作用的机理。在无数次试验中,认识到物理同化学是不可分离的。经过长期研究,1752年他写成了一本《精确的物理化学引论》,成为"物理化学"这门新学科的奠基者。

罗蒙诺索夫还研究了许多化工问题,研究出制造各种彩色玻璃的配方,并于1753年创建了一座玻璃工厂。1756年,罗蒙诺索夫通过无数次的实验得到了这样一个结论:"参加反应的全部物质的重量,等于全部反应产物的重量。"这就是今天我们所熟知的,作为化学科学基石的质量守恒定律。

罗蒙诺索夫是一位博学多才的科学家,他的创造性活动几乎涉及了当时人类科学文化的一切领域。除了上述贡献外,他还在电学、光学、天文学、气象学、地理学、采矿和冶金方面也有许多研究和发明;此外,罗蒙诺索夫还从事历史、文学、语言学的研究,撰写了许多重要著作,写出了不少铿锵有力的诗篇。1755年,在他的倡议下,建成了俄国第一所高等学府——莫斯科大学,为俄罗斯培养了大批出类拔萃的人才,他的成就受到各国科学家的推崇和赞扬。1760年他当选为瑞典科学院院士,1764年当选为意大利波伦亚科学院院士。

由于罗蒙诺索夫长期在艰苦条件下刻苦努力地工作,严重损害了身体健康,1765年月4月4日,这位伟大的科学家病逝。终年54岁。这对俄国科学界是一个不可弥补的损失。"对于死我是不恐惧的,我感到遗憾的是,我没有完成我为发展俄罗斯科学所应做的一切。"

罗蒙诺索夫是俄国历史上一位伟人,他对物理、化学、哲学、文学等都有建树,他的学识渊博惊人。普希金把他比作俄国的第一所大学,别林斯基说他"仿佛北极光一样在北冰洋岸发出光辉","光耀夺目,异常美丽"。他是18世纪俄罗斯杰出的学者和诗人,是俄国唯物主义哲

学和自然科学的奠基者。

　　罗蒙诺索夫的主要作品有：《关于冷和热的原因的探讨》、《试论空气的弹力》、《论化学的效用》、《真实物体化学概论》、《论地层》、《数理化学原理》、《占领霍亭》——俄国新文学史上第一首新体长诗、《俄语修辞学》、《俄语语法》、《论固体和流体》、《波尔塔瓦战役》——美术作品。

白桦林里的学府——莫斯科大学

麻雀山（原列宁山）

莫斯科大学是俄罗斯最古老的大学，原旧校址在莫斯科市中心。1953年，大学新主楼在麻雀山建成后，莫大即迁至麻雀山。麻雀山位于俄罗斯莫斯科市的西南处，地处莫斯科河南岸，同时它也是莫斯科市的至高点，最高处海拔高度为220米。

麻雀山风光

其靠近莫斯科河一侧的山坡为茂密的森林所覆盖的峭壁，平均高出河平面60~70米。其中有一处著名的观景台，位于河平面至上85米处（海拔高度约为200米），能够俯瞰部分莫斯科市区的市景，其中包括著名的卢日尼基体育场和乌克兰饭店。而在离开观景台的不远处，则是卢日尼基铁路桥。而观景台也正对莫斯科大学大门。

麻雀山，得名于1451年以牧师Vorobey（意为麻雀）命名的一个村庄。而在1924年至1991年期间，为了纪念列宁而一度更名为列宁山。

1949年至1953年，在麻雀山上建造了莫斯科大学主楼以及观景台等建筑。而今的观景台成为了莫斯科观光的知名景点之一。站在观景台上可以看到克里姆林宫教堂群、新圣母修道院。此外，山上还修建有基督教三位一体教堂。

克里姆林宫

在1958年，为了配合莫斯科地铁的建造，修建了穿越麻雀山以及架设于莫斯科河上的"卢日尼基铁路桥"，铁路桥上则是地铁车站之一的"列宁山站"（如今叫"麻雀山站"）。其毗邻共青团大道、观景台、莫斯科大学主楼等建筑。

麻雀山的山脚下，莫斯科河对面，正对着观景台的是中央体育场，它建于20世纪四五十年代。1980年，为迎接在莫斯科举办的第22届奥运会，还对它进行了扩建并把它作为奥运会的主会场。这样一来，它便成为了欧洲最好的体育场之一。

据《大师与玛格丽特》描述，麻雀山上"雷雨消失得无影无踪，七色彩虹像拱桥般横亘在整个莫斯科上空。它的一端落入莫斯科河，仿佛在吮吸河水。在高处，在山冈上，可以眺望河对岸的城市和闪耀在千万扇朝西的窗户上破碎的太阳，眺望着女修道院中的一座座美丽的小塔"，"对岸无数个火红的太阳正在把窗玻璃烧化，而在这些太阳的上空则笼罩着一层云雾、黑烟和水汽——那是一天中被晒得滚烫的城市散发出来的"。

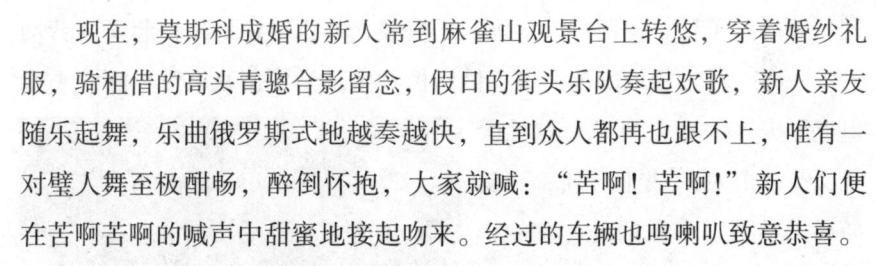

现在，莫斯科成婚的新人常到麻雀山观景台上转悠，穿着婚纱礼服，骑租借的高头青骢合影留念，假日的街头乐队奏起欢歌，新人亲友随乐起舞，乐曲俄罗斯式地越奏越快，直到众人都再也跟不上，唯有一对璧人舞至极酣畅，醉倒怀抱，大家就喊："苦啊！苦啊！"新人们便在苦啊苦啊的喊声中甜蜜地接起吻来。经过的车辆也鸣喇叭致意恭喜。

另外，麻雀山上拥有一座滑雪跳台（建于1953年）。并且经常在山上举办各种山地自行车和赛车比赛。

走进科学的殿堂

十月革命的前沿阵地

1917年10月25日,起义的工人和革命士兵推翻了资产阶级临时政府,政权转到了苏维埃手中。从此,俄国历史进入了一个新时期。

在共产党领导下,俄国无产阶级与赤贫的农民结成联盟,为夺取社会主义革命的胜利而顽强奋斗。在决定社会主义革命命运的1917年10月严峻的日子里,莫斯科大学优秀的代表人物都坚定地站在起义的劳动人民一边。科学领域的革命者、俄国植物生理学派创始人克·阿·季米里亚泽夫,一直置身于夺取社会主义革命胜利的战士行列中。莫斯科大学引以为傲的是,它的毕业生积极参加了彼得格勒·莫斯科和全国其他各地的武装起义。1914年起担任莫斯科大学教授的巴·卡·施特恩贝格,是著名的天文学家,莫斯科天文台台长。他也是莫斯科十月革命领导人之一,赤卫队中央总部成员。总之,在血染的十月,莫斯科大学大多数师生都是站在革命前列的。

列宁领导的俄国十月革命

白桦林里的学府——莫斯科大学

伟大十月革命的胜利是人类历史上的新篇章。社会主义社会的建立必然导致对苏联国内经济、政治和文化生活各领域的根本改造。在完成文化革命的任务中,高等学校起着重要的作用。在十月革命取得胜利的最初岁月,苏联共产党和政府致力于建立新型的高等学校,以培养无产阶级的干部并促进新生的社会主义社会科学的发展。因此,当时的首要任务,就是要使高等学校成为无产阶级专政的工具而不再是资产阶级统治的工具。在这一过程中,又要特别注意一个世纪以来革命前高等院校所积累的有益的经验和优秀的传统。

莫斯科大学是在复杂的形势下进行这一改造工作的。在1917年10月革命前夕,莫斯科大学设有四个系:物理数学系、历史语文系、法律系和医学系。此外,还有60多个教学辅助机构,其中规模较大的有:美艺术博物馆和动物博物馆。1917年2月资产阶级民主革命之后,1911年为抗议沙皇政府压制学生而愤然辞职离校的克·阿·季米里亚泽夫以及谢·亚·恰普雷金、尼·德·泽林斯基、弗·伊·韦尔纳茨基等俄国进步学者又重返学校。这对学校的师资和科研力量当然是大大加强了。但是,十月社会主义革命前夕,莫斯科大学与全国其他高等学校一样,经济状况极差,物质条件很坏。另一方面,以亚·亚·基泽韦捷尔和阿·阿·马努伊洛夫为代表的立宪民主党教授,对革命充满敌意。他们利用讲坛宣传反动思想,把教学引进死胡同。

即使微观环境如此严峻,莫斯科大学的进步教授和大学生中的布尔什维克依然捍卫着学校的民主传统。二月革命以后,由布尔什维克领导的"大学生之家"成了学校开展革命工作的中心。他们与立宪民主党人和孟什维克控制的"招行委员会"进行了坚决的斗争,因为依附于这个组织的学生都是反对革命的分子。学校的进步教授和具有民主思想的大学生是一支优秀的队伍,无产阶级完全可以依靠他们对高等学校进行改造。

走进科学的殿堂

伟大的十月革命为莫斯科大学的发展开辟了广阔的前景。对学校进行改造，使学生成份无产阶级化和学校民主化，不仅使莫斯科大学摆脱了困境，而且为学校的进一步发展提供了强大的驱动力。从1918—1919学年开始，共产党和苏维埃政府就采取了种种措施，使无产阶级出身的青年学生能顺利进入各高等学校，这对高等教育的改造工作具有极其重大的意义。

1918年8月2日，人民委员会通过了由列宁起草的《关于苏俄高等学校的招生问题》决议草案。这一历史性的文件指出："首先应该无条件地招收无产阶级和贫苦农民出身的人，并普遍地发给他们助学金。"

决议发布之后，申请入莫斯科大学学习的劳动人民子弟急剧增加。对于这一可喜现象，列宁于1918年8月28日在全俄教育工作第一次代表大会上发表演说时曾指出："劳动者渴求知识，因为知识是他们获得胜利所必需的。十分之九的劳动群众已经懂得：知识是他们争取解放的武器……他们知道，要胜利结束他们所进行的斗争，是多么需要教育。"

贯彻苏维埃政府关于改造高等学校的决议，这是一场极其复杂尖锐的斗争。学校内部一些反对革命的教授及追随他们的学生妄图阻挡学校民主化和学生成份无产阶级化的进程，但是他们未能得逞。因为改革和进步是一股历史潮流，一切抗拒者的必然下场就是灭顶之

探寻历史

列宁

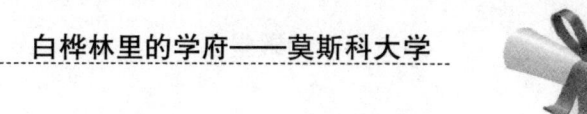

灾。古今中外，概莫能外。1918年夏，克·阿·季米里亚泽夫发表了热情洋溢的文章《谈高等学校的民主改革》，充分支持政府的改革举措，并指出这种民主化乃学校创始人罗蒙诺索夫生前的宿愿。

苏维埃政府1918年8月2日的决议虽然为工农进入高等学校扫清了障碍，但是，还有另一障碍实际存在着，而且，这一障碍不是一纸决议所能排除的。这个障碍就是：大多数劳动者的文化水平太低。为了解决这个问题，各高等学校先后办起了工农速成班，对即将进入高等学校学习的工农青年进行短期培训，提高他们的文化水平和知识水平，以适应高等学校教学的要求。

莫斯科大学的工农速成班成立于1919年10月8日。1919—1920年学年末，在莫斯科大学工农速成班学习的工人和农民已逾700人。1920年10月，列宁又签署了人民委员会关于工农速成班的一项决定。根据这一决定，工农速成班的学员概由各级党、苏维埃和工会组织推荐。这样一来，进入高等学校学习的工农青年人数又大有增加。到1921年，莫斯科大学工农速成班的学员已达1500多人，其中1/3是共产党员。

工农速成班成立之际，国内战争进行方酣，外国武装干涉咄咄逼人，经济凋蔽，百废待举。但是，党和政府对工农学员十分关怀，千方百计改善他们的物质状况，伙食免费，衣服下发。从1920年9月起，还增加了他们的口粮供应定量。而更为重要的是，学校选派优秀的教师给他们上课、辅导。

招收工人和农民入莫斯科大学学习，成立工农速成班，是改造大学的重要举措，是把莫斯科大学变为真正属于人民的苏维埃高等学府的关键步骤。

人文科学各系的改造工作尤为艰巨。这些系的教学人员多为反动教授，他们在讲坛上大肆宣扬唯心主义和蒙昧主义。长期以来，担任法律系系主任一职的，先是一位讲《警察法》的教授，后由讲《宗教法》

走进科学的殿堂

的教授接替。这绝非一种偶然。1918年12月，教育人民委员部为了对人文科学各系进行根本的改造，决定改组各大学的法律系而成立社会科学系。1919年初，莫斯科大学社会科学系正式成立，下设三科：经济科、法律—政治科、历史科。1921年，又改组了语文系，在社会科学系下设文学和艺术科和人类学—语言学科。

在十月革命胜利之初，党和政府十分注意团结一切可以团结的力量，争取一切同情和支持革命的进步教授。1920年，为了巩固莫斯科大学的领导权，使之牢牢掌握在无产阶级手中，成立了大学临时主席团，由维·彼·沃尔金负责。临时主席团把进步教授团结在自己的周围，与一些思想反动的教学人员进行了不调和的斗争。

探寻历史

白桦林里的学府——莫斯科大学

二战的考验

  1941年6月22日拂晓，法西斯德国悍然撕毁苏德互不侵犯条约，对苏联发动了突然袭击。早在1940年7月，希特勒即已命令陆军总司令冯·勃劳希奇具体负责制订进攻苏联的计划，即"巴巴罗萨"计划。按照这一计划，"德国武装力量必须准备在对英战争结束以前，以一次快速的战局击溃苏俄"。战争开始前，法西斯德国及其盟国在同苏联接

卫国战争珍贵旧照片

壤的边境上集结了550万人的兵力（德军460万，仆从国军队90万），装备有4万7千多门火炮和追击炮，3700多辆坦克，近5千架飞机。闪电战开始的第一天，德国以170个师的庞大兵力，分三路大军沿波罗的海到喀尔巴阡山一线，猛烈进击。从此，苏联开始了第二次世界大战史上具有伟大意义的长达4年之久的卫国战争。辽阔的苏维埃国土上血雨腥风，硝烟弥漫。

莫斯科大学的师生清楚地认识到，这是关系国家存亡、民族生死的重要时刻。值此国难当头之际，他们必须奋起抗争！就在1941年6月22日战争爆发的当天下午，就有数百名教师、研究生和本科生以及职工投笔从戎，参加了保卫祖国的斗争。不久，又有一批人开赴前线，他们中间有教师、研究生、本科生、科研人员共数百人。与此同时，留校的师生员工又积极投入了后方的支前工作。仅在战争爆发后的三周时间里，莫斯科大学共青团组织就派了3000人次大学生去修筑工事，女大

卫国战争珍贵旧照片

学生则去医院救护伤员。为了防止敌机空袭，学校成立了消防队、救护队等组织。

摆在全校人员面前的一项最重要任务，就是如何在严峻的战争形势下，使教学和研究工作不致中断。为此，必须进行大力调整，使这些工作适应战时要求。1941年6月30日，在全校专家、学者的共同努力下，他们彻底修订了科研工作计划，把一些有关和平建设的课题取消了，而把具有国防意义的课题放在首位。战争伊始，全校研究人员的全部精力都投入到解决与军需有关的问题上去了。

在全国总动员反击入侵德军的困难形势下，校领导采取了种种措施来组织教学。战争开始不久，各系新生行将入学。全校上下，齐心合力，同仇敌忾，很快做好了准备工作，8月1日正式上课。教学与科研工作都是以"一切为了前线！一切为了胜利！"这一号召为指导思想进行的。

入侵德军在战术上的突然袭击，使他们在初期节节得手。苏联西部地区很快沦陷敌手。从1947年7月10日起，德国"中央"集团军在司令包克率领下，向通往俄国首都的斯摩棱斯克发起猛攻。尽管苏军顽强地展开了防御战，但由于德军在兵力、坦克、飞机和火炮上占有极大优势，7月16日，苏军防线被突破，斯摩棱斯克失守，莫斯科处于千钧一发的危险境地。莫斯科的企业、机关纷纷向后方撤离、搬迁。10月14日，学校宣布停课内迁。在战时的条件下，搬动一所建校近200年、师生人数逾万的高等学府，真可谓举步维艰。但现实严峻，学校从1941年10月中旬到11月初，在为时不到一月的时间里，大部师生迁到土库曼共和国首都阿什哈巴德，以土库曼师范学院为依托，继续进行教学和研究工作。少数师生留在莫斯科保护校产。10月29日，法西斯飞贼对莫斯科狂轰滥炸，楼房的玻璃几乎全被炸弹爆炸的气浪震破，玻璃屋顶及楼内设备亦遭破坏。由莫斯科大学留校师生员工组成的防空消

走进科学的殿堂

防队,协助市消防队扑灭了数十次火灾,使敌人投掷的数百颗炸弹没有给学校造成重大损失。

阿什哈巴德

1941年12月1日,由于内迁而暂时停课一个半月之后的日子,各系开始复课。同时迁来阿什哈巴德的莫斯科哲学、文学和历史研究所并入了莫斯科大学。在原有的7个系之外,又新增了经济系、哲学系和语文系。到1942年春,学校又设立了法律系,这样,学校的人文科学系共13个,比以前增加了将近一倍。

尽管迁到新址之后,生活和工作条件都比以前相差甚远,但是,教学和科研依然进行得井然有序。不仅如此,在阿什哈巴德,师生们依旧积极参加支援前线、保卫后方的社会活动。

1942年4月5日,德军统帅部发布了第41号命令,决定发动夏季战役。6月下旬德军从库尔斯克、罗斯托夫地区发动全线进攻;7月中旬,越过顿河下游向斯大林格勒(今伏尔加格勒)大举进犯。随着战局的发展,这年夏季,学校不得不从阿什哈巴德迁往斯维尔德洛夫斯

白桦林里的学府——莫斯科大学

克。斯维尔德洛夫斯克工学院的全体师生，热情欢迎莫斯科大学师生的

斯大林格勒保卫战珍贵旧照片

到来，并为他们提供了种种方便条件。莫斯科大学师生的教学和生活环境有了很大的改善。他们在斯维尔德洛夫斯克度过了战火纷飞的1942—1943学年。

1942年秋冬，苏军在斯大林格勒保卫战的浴血战斗中取得了决定性胜利，这不仅是苏德战的转折点，也是第二次世界大战的转折点。随着苏军由战略防御转向战略进攻，尽管战争仍在继续进行，但苏德战场的主动权已开始转入苏军之手。1943年春，学校又迁回莫斯科。

在伟大卫国战争中，苏联人民经受了血与火的考验，最终取得了对人类命运有重大意义的胜利。在这场全世界反法西斯战斗中，莫斯科大学先后有3000多人参加了苏联军队，浴血战斗在各条战线上，不少人英勇献身。他们中有1000多人因立下战功而获得各种光荣称号和奖励、表彰，其中获得苏联英雄这一崇高称号的该校女大学生（她们在战争期

间均为空军飞行员）就有 5 人。

在粉碎法西德国入侵进犯的斗争中，莫斯科大学的学者、专家们也为共同的事业作出了爱国主义的贡献。在 1941—1945 年的残酷战争岁月里，他们完成了 1600 多项与国防和国民经济有密切关系的科研任务和理论课题。

文科各系的教师，撰写了大量著作和文章，描述苏军的英雄战绩和后方人民为支援前线的献身劳动。历史系的教授先后出版了《苏联国内战争史》（第 2 卷）、《外交史》等专著。波·季·格列科夫是苏联著名历史学家，1935 年起任苏联科学院院士。战争期间，他已是花甲之年，但笔耕不辍，夜以继日地撰写俄罗斯人民反抗外国侵略者的通俗历史书，激励人民的斗志，坚定他们必定战胜德寇的信念。

1944 年 5 月 1 日，苏联红军遵照《最高统帅命令》，越过西部

罗马尼亚一景

白桦林里的学府——莫斯科大学

国境,进入东欧和东南欧,罗马尼亚、保加利亚和阿尔巴尼亚先后解放。在此大好形势下,莫斯科大学在6月份召开了以《俄罗斯科学在世界科学和文化发展中的作用》为主题的学术会议。莫斯科、罗斯托夫、喀山、中亚各共和国的学术界代表纷纷与会。会上发表了165篇报告。1944年6月8日的《真理报》曾发表专文,报道这次会议的盛况及意义。

保加利亚一景

在1941—1945年的战争时期,莫斯科大学依旧是全国培养高水平科技人才的最重要中心。苏联政府对莫斯科大学的专家、学者们支援前线的工作给予了极高的评价。

莫斯科大学经受了战争的考验,变得更加坚强。在伟大卫国战争期间,学校反而发展壮大了。194—1945学年,全校有5000名学生。教授、副教授和科研人员近2000,此外还有1000多名函授生。

走进科学的殿堂

　　战争的硝烟尚未飘散，莫斯科大学就投入了建设美好明天的工作中。

卫国战争珍贵旧照片

探寻历史

文学艺术殿堂

白桦林里的学府——莫斯科大学

"俄罗斯空前绝后的文学泰斗"

列夫·尼古拉耶维奇·托尔斯泰（1828.9.9—1910.11.20），俄国著名作家，文学大师。

1828年9月9日，托尔斯泰出生于距莫斯科不远的图拉省克拉皮文县的亚斯纳亚·波利亚纳（今属图拉省晓金区）的贵族庄园。他出身名门，是彼得大帝时代承袭下来的贵族，世袭伯爵。父亲尼古拉·伊里奇伯爵参加过1812年卫国战争，以中校衔退役。母亲玛丽亚·尼古拉耶夫娜是尼·谢·沃尔康斯基公爵的女儿。

托尔斯泰2岁丧母，9岁丧父。1841年，他的监护人姑母去世后，改由住在喀山的姑监护。于是他全家迁到喀山。由于家境殷实，童年起就有家庭教师精心照管他的生活和学习，接受典型的贵族家庭教育。1844年，16岁时的托尔斯泰考入喀山大学东方语系，攻读土耳其、阿拉伯

托尔斯泰

文学艺术殿堂

语，准备当外交官。期终考试不及格，次年转到法律系。他不专心学业，迷恋社交生活，同时却对哲学尤其是道德哲学发生兴趣，喜爱卢梭的学说及其为人，并广泛阅读文学作品。在大学时代，他已注意到平民出身同学的优越性。

1847年4月退学，回到亚斯纳亚·波利亚纳经营庄园。这是他母亲的陪嫁产业，在兄弟析产时归他所有，他漫长的一生绝大部分时间在这里度过。回到庄园后，他企图改善农民生活，因得不到农民信任而中止。1849年4月曾到彼得堡应法学士考试，只考了两门课就突然回家。

1851年，托尔斯泰到他哥哥所在的军队当了一名下级军官，在高加索地区参加了沙俄与土耳其的克里米亚战争。虽然表现优异，但也有赖亲戚的提携才晋升为准尉。1854年3月，他加入多瑙河部队。克里木战争开始后，自愿调赴塞瓦斯托波尔，曾在最危险的第四号棱堡任炮兵连长，并参加这个城市的最后防御战。在各次战役中，看到平民出身的军官和士兵的英勇精神和优秀品质，加强了他对普通人民的同情和对农奴制的批判态度。

卢梭

从1852年开始，托尔斯泰开始创作，在《现代人》杂志上发表了自传体中篇小说《童年》，这是他步入文坛的处女作。后发表了《少年》和《塞瓦斯托波尔故事》等小说。

1855年11月他从塞瓦斯托波尔来到彼得堡，作为知名的新作家受

白桦林里的学府——莫斯科大学

到屠格涅夫和涅克拉索夫等人的欢迎,并逐渐结识了冈察洛夫、费特、奥斯特洛夫斯基、德鲁日宁、安年科夫、鲍特金等作家和批评家。在这里他以不谙世故和放荡不羁而被视为怪人,他不喜爱荷马和莎士比亚也使大家惊异。不久,他同车尔尼雪夫斯基相识,但不同意后者的文学见解。当时德鲁日宁等人提倡为艺术而艺术的所谓"优美艺术",反对所谓"教诲艺术"、实即革命民主派所主张的暴露文学。

荷马雕像　　　　　莎士比亚

1856年年底,托尔斯泰以中尉衔退役。次年年初到法国、瑞士、意大利和德国游历。法国的"社会自由"博得了他的赞赏,而巴黎断头台一次行刑的情景则使他深感厌恶。在瑞士看到英国资产阶级绅士的自私和冷酷,也激起他很大的愤慨。但这次出国扩大了在他文学艺术方面的视野,增强了他对俄国社会落后的清醒认识。

1856年夏至1857年冬,托尔斯泰曾一度倾心于邻近的瓦·弗·阿尔谢尼耶娃,此后又为婚事作了多次努力,但都没有成功。1862年9

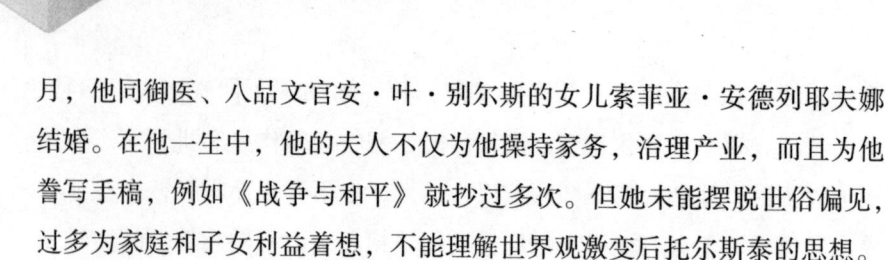

月，他同御医、八品文官安·叶·别尔斯的女儿索菲亚·安德列耶夫娜结婚。在他一生中，他的夫人不仅为他操持家务，治理产业，而且为他誊写手稿，例如《战争与和平》就抄过多次。但她未能摆脱世俗偏见，过多为家庭和子女利益着想，不能理解世界观激变后托尔斯泰的思想。

新婚之后，革命形势逐渐转入低潮，托尔斯泰也逐渐克服了思想上的危机。他脱离社交，安居庄园，购置产业，过着俭朴、宁静、和睦而幸福的生活。从1863年起他以6年时间写成巨著《战争与和平》。

托尔斯泰心灵的宁静与和谐没有保持多久，1869年9月因事途经阿尔扎马斯，深夜在旅馆中突然感到一种从未有过的忧愁和恐怖，这就是所谓"阿尔扎马斯的恐怖"。在这前后，他在致友人书信里谈到自己近来等待死亡的阴郁心情。1868年秋至1869年夏，他对叔本华哲学产生了兴趣，并一度受到了影响。从19世纪70年代初起，"乡村俄国一切'旧基础'……的破坏"的加剧，"到民间去"等社会运动的兴起，使他开始新的思想危机和新的探索时期。他惶惶不安，怀疑生存的目的和意义，因自己所处的贵族寄生生活的"可怕地位"深感苦恼，不知"该怎么办"。他研读各种哲学和宗教书籍，不能找到答案。他甚至藏起绳子，不带猎枪，生怕为了求得解脱而自杀。

叔本华

这些思想情绪在当时创作的《安娜·卡列尼娜》中得到鲜明的反映。此后，他访晤神父、主教、修道士和隐修士，并结识农民、独立教徒康·

修塔耶夫。他终于完全否定了官办教会，接受了宗法制农民的信仰，最后在19世纪70至80年代之交新的革命形势和全国性大饥荒的强烈影响下，弃绝本阶级，完成了60年代开始酝酿的世界观的转变，转到宗法制农民的立场上。在《忏悔录》（1879—1880）和《我的信仰是什么?》（1882—1884）等论文里，他广泛阐述自己思想转变的过程，对富裕而有教养的阶级生活及其基础——土地私有制表示强烈的否定，对国家和教会进行猛烈的抨击。然而，他却反对暴力革命，宣扬基督教的博爱和自我修身，要从宗教、伦理中寻求解决社会矛盾的道路。这是因为他不仅反映了农民对统治阶级的仇恨和愤怒，也接受了他们因政治上不成熟而产生的不以暴力抵抗邪恶的思想。

从此托尔斯泰厌弃自己及周围的贵族生活，不时从事体力劳动，自己耕地、缝鞋，为农民盖房子，摒绝奢侈，持斋吃素。他也改变了文艺观，指斥自己过去的艺术作品包括《战争与和平》等巨著为"老爷式的游戏"，并把创作重点转移到论文和政论上去，以直接宣传自己的社会、哲学、宗教观点，揭露地主资产阶级社会的各种罪恶。当时写的剧本、中短篇小说以及民间故事，同样为了这一目的。

从19世纪90年代中期开始，托尔斯泰增强了对社会现实的批判态度，对自己宣传的博爱和不抗恶思想也常常感到怀疑。这在《哈泽—穆拉特》等作品中有所反映。沙皇政府早就因他的《论饥荒》一文而企图将他监禁或流放，但慑于他的声望和社会舆论而中止。至此又因《复活》的发表，指责他反对上帝，不信来世，于1901年以俄国东正教至圣宗教院的名义革除他的教籍。这个决定引起举世的抗议，托尔斯泰却对其处之泰然。同年他因沙皇政府镇压学生运动而写《致沙皇及其助手们》一文；次年致函尼古拉二世要求给人民自由并废除土地私有制；1904年撰文反对日俄战争。他同情革命者，也曾对革命的到来表示欢迎，但却不了解并回避1905年革命。而在革命失败后，他又反对沙皇政府残酷杀害革命者，写出《我不能沉默》一文。

托尔斯泰在世界观激变后，于1882年和1884年曾一再想离家出走。这种意图在他19世纪80至90年代的创作中颇多反映。在他生前的最后几年，他意识到农民的觉醒，因自己同他们的思想情绪有距离而不免悲观失望；对自己的地主庄园生活方式不符合信念又很感不安。他的信徒托尔斯泰主义者和他的夫人之间的纠纷更使他深以为苦。最后，他于1910年11月10日从亚斯纳亚·波利亚纳秘密出走。在途中患肺炎，20日在阿斯塔波沃车站逝世。

尼古拉二世

遵照他的遗言，遗体安葬在亚斯纳亚·波利亚纳的森林中。坟上没有树立墓碑和十字架。

托尔斯泰的文章和论著保存至今的共290篇，已完成的164篇，构成他的文学遗产的重要部分。托尔斯泰的主要作品有：《童年》（1851—1852）、《少年》（1852—1854）、《青年》（1855—1857）、《袭击》（1853）、《伐林》（1853—1855）、《塞瓦斯托波尔故事》、《一个地主的早晨》（1856）、《家庭幸福》（1858—1859）、《两个骠骑兵》（1856）、《阿尔别特》（1857—1858）、《战争与和平》（1866—1869）、《安娜·卡列尼娜》、《启蒙读本》（1871—1872）、《一个受传染的家庭》（1862—1864）、《黑暗的势力》（1886）、《复活》（1889—1899）、

《教育的果实》(1891)、《活尸》(1911)、《光在黑暗中发亮》(1911)、《伊凡·伊里奇之死》(1884—1886)、《克莱采奏鸣曲》(1891)。

托尔斯泰墓

走进科学的殿堂

剧作大师

亚历山大·尼古拉耶维奇·奥斯特洛夫斯基（1823.4.12—1886.6.14），俄国剧作家。一生为俄国舞台提供了近50部剧本，创造了几百个人物形象，为俄国戏剧事业的发展作出了很大贡献，被称为"俄国戏剧之父"。

奥斯特洛夫斯基，1823年4月12日出生在商人聚居的莫斯科河南区小奥尔顿卡街（现改名为奥斯特洛夫斯基街）。父亲是法官，退休后，从事商业活动，家中来往的大多是商人，他从小熟悉商人社会的生活习俗。

1840年，奥斯特洛夫斯基进入莫斯科大学攻法律，1843年肄业，1843—1851年先后在"良心法院"和商务法院任书记官。对商贾贵族之间的巧取豪夺、尔虞我诈，更有了痛切的

奥斯特洛夫斯基

认识，这为他日后的戏剧创作提供了丰富的素材。1847年发表剧本《破产者》的片断，引起文坛注意。全剧写成后，用《自家人好算帐》的剧名于1850年正式发表在《莫斯科人》杂志上，受到进步文坛的赞美，但警察厅却禁止上演，直到1861年才得以公演。从此以后，奥斯特洛夫斯基几乎每年都有一部或几部作品问世。

奥斯特洛夫斯基除了进行创作外，还翻译过不少外国剧本，其中有莎士比亚、戈齐、哥尔多尼、塞万提斯、萨维德拉等人的作品。他还是一位积极的社会活动家。1865年，他发起成立了莫斯科演员联社。1870年，由他倡议组织了俄国剧作家协会。经他和鲁宾斯坦多方努力，于同年创办了演员训练班，培养了萨陀夫斯基、萨陀夫斯卡雅、马克歇耶夫等一群杰出的表演艺术家。在他的倡议下还创办了模范人民剧院。

塞万提斯像

1886年1月，奥斯特洛夫斯基被任命为莫斯科各皇家剧院的艺术总管理人。但还未能充分展开他对于剧院制度的改革和戏剧艺术的

提高。

　　奥斯特洛夫斯基的创作年代，正逢俄国资本主义发展时期。他的作品反映了当时那个时代的社会变化。他自己曾说，他是遵循果戈理的创作道路。他坚持揭露社会的不良风气，用讽刺的笔触来描绘当时社会的众生相。于是初露头角的商人阶层的粗暴和幼稚，新兴资产阶级和蜕化中的农奴主、地主的虚伪奸诈、残酷无情，贵族和官僚的愚昧、堕落等等，都成为他剧中人物的特点。早期的作品，如《各守本分》（1852）、《贫非罪》（1853）、《切勿随心所欲》（1854）等，在思想上带有美化俄国宗法制的倾向。车尔尼雪夫斯基和涅克拉索夫对这些作品提出过批评。随着19世纪50、60年代俄国革命形势的发展，他的创作进入新的阶段。从1856年起，几乎所有的新作都发表在涅克拉索夫和谢德林主编的《现代人》杂志上。这时期的作品，就包括著名的《大雷雨》。1856年，奥斯特洛夫斯基参加了一次难得的伏尔加河沿岸文学考察活

伏尔加河

动。伏尔加河沿岸美丽的自然风光与黑暗的社会生活的强烈反差，在剧作家的心中留下了深刻印象；3年之后，奥斯特洛夫斯基把伏尔加河的美丽与卡里诺夫城的丑陋，鲜明对立地体现在《大雷雨》（1859）中，构成该剧的戏剧冲突的底蕴，剧中尖锐对立的两个人物——卡捷琳娜和卡巴诺娃，则代表着俄罗斯的光明与黑暗。因其具有较明显的暴露社会和暗示革命的倾向，因而受到反动势力的围攻。

奥斯特洛夫斯基不得不暂时放下迫切的社会题材，转而写作历史剧。从19世纪60年代末起，又重新面对现实，并出现了创作的高潮。从1868年一直到19世纪80年代初，他的作品大都在涅克拉索夫和谢德林主编的《祖国纪事》杂志上发表。包括讽刺喜剧《智者千虑必有一失》在内的一系列剧本，对农奴制残余中蜕化出来的新型实业家和欧化商人进行了嘲讽。稍后的诗剧《雪女》（1873），表达了作者的理想和对人生意义的探索。《没有陪嫁的女人》等几个剧本描绘了才能卓越的俄罗斯妇女在当时虚伪、自私的社会中备受摧残的悲剧命运。

《没有陪嫁的姑娘》（1879）与《大雷雨》相隔整整20年。《大雷雨》问世于废除农奴制的前夜，而《没有陪嫁的姑娘》的剧中人物帕拉托夫已经可以很自信地说："现在是资产阶级得势的时代"（第四幕第七场）。如果说，在《大雷雨》中主宰社会环境的是封建农奴制的传统势力，那么在《没有陪嫁的姑娘》中，则是金钱在主宰着一切。《没有陪嫁的姑娘》是一

谢德林

部比《大雷雨》更具悲剧色彩的剧作。在《大雷雨》中毕竟还有"爱情"的亮光，在《没有陪嫁的姑娘》中则全然没有爱情的存在。在《大雷雨》中毕竟还有"黑暗王国里的一线光明"，在《没有陪嫁的姑娘》中有的只是美被徒然地毁灭和蹂躏。

奥斯特洛夫斯基认为"剧本应该是为全体人民而写的"。戏剧比其他一切文学作品更接近广大人民。舞台上演出的戏，要写得强而有力，要有巨大的戏剧性和热烈的、真诚的感情，要有生动而有力的人物。在所有俄国古典作家中，他的剧本占演出剧目的绝大多数。奥斯特洛夫斯基认为，写人民的生活，为人民写作，丝毫不会降低戏剧文学的价值，相反，它可以增加它的力量，使它不致庸俗和堕落；只有那真正为人民所喜闻乐见的作品，才能永垂不朽。这样的作品，迟早总会被别的民族，而最后被全世界所理解和欣赏。

奥斯特洛夫斯基每写一部剧本，都要对他所描写的事物作深刻的观察和周密的思考，并搜集充分的资料。他写剧本之前，不仅开列剧中人物名单，而且还开列谁适合扮演什么角色的名单。他所写的人物性格惯用的语言都有活的模特。在写作过程中，也常常更换扮演者，使之更相适合，从而使特定的演员最能发挥他们的艺术才能。奥斯特洛夫斯基塑造了一大批各种类型的妇女形象，使女演员们能发挥各自的特点并取得成功，使她们拥有自己的剧目，因此许多女演员特别爱戴这位剧作家。

奥斯特洛夫斯基重视台词的表现力。他的剧本对白清晰动听，语言优美。他能掌握舞台上的位置和调度，能恰到好处地安排演员上下场，这就使他的剧本演出具有很高的戏剧性。

奥斯特洛夫斯基常把西欧名家的剧中人写进自己的剧作，使之更易于为俄国演员和观众所接受。例如，把莫里哀《吝啬鬼》（一译《悭吝人》）中的守财奴阿巴贡写进他的《贫人暴富》；把小仲马《私生子》中的女裁缝的儿子写进《无辜的罪人》，都取得很好的效果。在排戏过程中，他经常听取演员的意见，修改自己的剧本。《大雷雨》中卡杰林娜关于自己少年生活的独白，就是根据第一个扮演卡杰林娜的女演员柯西茨卡雅的自述补写进去的。

奥斯特洛夫斯基的创作在俄罗斯文学和戏剧中具有珍贵的美学价值。俄国的重要评论家和作家，如杜勃罗留波夫、车尔尼雪夫斯基、屠格涅夫、涅克拉索夫、冈察洛夫、普列汉诺夫、卢纳察尔斯基等，都从不同的角度给奥斯特洛夫斯基以高度的评价。杜勃罗留波夫认为奥斯特洛夫斯基是一位熟悉俄国生活的人，是人类心理的天才描绘者，性格描写的巨匠。他说，奥斯特洛夫斯基能抓着生活的实质、时代的脉搏。他把奥斯特洛夫斯基在《大雷雨》之前的许多剧本中所描绘的俄国生活，称作黑暗王国的形形色色。把论述这一问题的文章题名为《黑暗王国》，这是俄国社会史和文学史上的重要文献。《大雷雨》一出现，杜勃罗留波夫就立即写出一篇新的文献性论文《黑暗王国的一线光明》。他认为《大雷雨》女主人公卡杰林娜在宗教迷信、封建势力、愚昧习俗等层层压迫之下，勇敢地发出了自己的抗议。她的投河自尽，标志着在俄国革命日益成熟的形势下，一个善良、美好的女子终于忍无可忍，跨出空谷足音的一步，这是革命巨浪即将到来的先声。奥斯特洛夫斯基的剧作曾在俄国舞台上广泛上演，造就了一批优秀的俄国演员。莫

莫里哀雕像

斯科小剧院曾以演出奥斯特洛夫斯基的戏而闻名。斯坦尼斯拉夫斯基，在1926年导演他的《火热的心》，梅耶荷德，在1924年导演他的《森林》，都成了重大的戏剧事件。直到20世纪80年代，奥斯特洛夫斯基的一些名剧还是苏联剧院的保留剧目。奥斯特洛夫斯基剧作最早介绍到中国的是《大雷雨》。除《大雷雨》之外，还有些奥斯特洛夫斯基的剧本，或改编为中国形式的戏（如陈白尘根据《没有陪嫁的女人》改编的《悬崖之恋》，又名《卖油郎》），或搬上银幕（如《无辜的罪人》改编为电影《母与子》），受到中国人民的喜爱。

奥斯特洛夫斯基在俄罗斯戏剧文学史上是一个特别重要的人物。他的重要性不仅是因为他是俄国十九世纪最高产的一位大剧作家（他一生写了47个剧本），他的剧作涵盖了完整的俄罗斯社会生活的各个侧面，而且还因为他在戏剧史上是个承前启后的中枢人物。这就如著名的俄国戏剧史家拉克申院士所指出的："奥斯特洛夫斯基从继承果戈理的戏剧流派开始，到他创作的最后阶段已经在某种意义上预示着契诃夫的革新戏剧的出现。"

奥斯特洛夫斯基的全部剧作，按其内容的性质和人物所属的阶层，大体可以分5大类。

描写商人生活的剧本：《全家福》（1847）、《自家人好算帐》（1850）、《非己之长，勿充内行》（1853）、《贫非罪》（1854）、《他人饮酒自己醉》（1856）、《节日好梦饭前应验》（1857）、《大雷雨》（1860）、《一知己胜两新交》（1860）、《莫管闲事》（1861）、《天下无难事，只怕有心人》（1861）、《孰能无过，孰能免祸》（1863）、《艰苦的日子》（1863）、《小丑》（1864）、《炽热的心》（1869）、《人无千日好》（1871）、《真理固好，幸福更佳》（1877）、《最后的牺牲》（1878）、《心非铁石》（1880）等。这些剧本最重要的一点是作者用否定的态度描绘了商人。

关于人民生活的剧本:《切勿随心所欲》(1834)、《闹市》(1865)等。在这些剧本中,作者描写的是从农民转变为小商人、小市民的一些人。他们保持着民间的风俗习惯和生活方式。剧本有些类似民间文学作品,具有民歌风味,曾被改编为歌剧。

描写小官吏生活的剧本:《穷新娘》(1852)、《肥缺》(1857)、《深渊》(1866)、《贫人暴富》(1872)、《富新娘》(1876)等。

表现所谓"社会头面人物"的剧本:《意外事》(1851)、《女弟子》(1851)、《性格不合》(1858)、《智者千虑必有一失》(1868)、《来得容易去得快》(1870)、《森林》(1871)、《血饭》(1874)、《狼与羊》(1875)、《没有陪嫁的女人》(1879)、《名伶与捧角》(1882)、《美男子》(1883)、《无辜的罪人》(1884)、《世外事》(1885)等。这些剧本揭露了贵族地主和社会名流们的丑恶灵魂。

历史剧:《柯兹玛·扎哈罗维奇·米宁苏霍鲁克》(1862)、《僭主德米特里与瓦西利·隋斯基》(1866)、《土辛诺》(1867)等。奥斯特洛夫斯基写历史剧是逃避现实,抵御迫害,但主题是积极的,具有爱国主义精神。

此外,还有与索洛维约夫合写的《别鲁根的婚事》(1878)、《蛮女人》(1880)、《有光无热》(1881),与聂维仁合写的《妄想》(1881)。

走进科学的殿堂

批判现实主义文学巨匠

安·巴·契诃夫（1860—1904），19世纪末俄国伟大的批判现实主义作家、戏剧家，文笔犀利的幽默讽刺大师，短篇小说艺术大师。

契诃夫，1860年1月29日出生于俄国罗斯托夫省塔甘罗格市一个小市民家庭。他的祖辈是农奴，1841年，他祖父为本人及家属赎取了人身自由。他父亲起初是一名伙计，后来自己开了一家杂货铺。严厉的父亲常常命令儿子站柜台、做买卖，所以契诃夫在回忆自己的童年时说他小时候"没有童年"。1876年，父亲因不善经营而破产，只身去莫斯科当伙计，不久家人们也随着他相继迁居莫斯科，但契诃夫只身留在塔甘罗格，靠担任家庭教师以维持生计和继续求学，度过了相当艰辛的3年。

1879年，勤奋的契诃夫凭助学金进入莫斯科大学医学院学习。

契诃夫

1884年大学毕业后,他在伏斯克列辛斯克和兹威尼哥罗德等地行医,

罗斯托夫一景

这使他有机会广泛接触农民、地主、官吏、教员等各式人物,这对他后来的文学创作无疑有良好影响,并逐渐显露出文学创作才华。

　　契诃夫的文学生涯始于1880年。19世纪80年代在俄国历史上是一个反动势力猖獗的时期,社会气氛令人窒息,供小市民消闲的滑稽报刊应运而生。当时契诃夫年纪尚轻,又迫于生计,他常用安东沙·切洪特的笔名在《蜻蜓》、《闹钟》、《碎片》等杂志上发表了大量的短篇小说、小品、幽默作品,其中一些很有萨尔蒂科夫·谢德林的味道。如短篇小说《胖子和瘦子》、《小公务员之死》、《英国女子》(1883)、《变色龙》(1884)、《普里希别耶夫中士》(1885)等。直到有一天一位名作家劝告他应当珍惜才华后,他才幡然醒悟。从19世纪80年代中后期开始,契诃夫拓展了自己的创作路子。

在1884—1886年间，契诃夫把视线转向劳动者的困苦生活。1886年创作的《万卡》、《苦恼》和1888年写的《渴睡》，表现了契诃夫对穷苦百姓的深刻同情。《在途中》（1886）则描写了一个"有新外表的旧式罗亭"，着重表现进步知识分子在反动年代的彷徨。1888年问世的《草原》则赞颂俄罗斯的大自然，表现了灰色的日常命运。此时的契诃夫已是一个相当独立和成熟的作家。尽管这时候流行着各种各样的社会思潮，但契诃夫并不愿意过问政治，"只想做一个自由的艺术家"，想要有"最最绝对的自由"。不到30岁，列夫·托尔斯泰就将他称为"深思熟虑的作家"。1888年10月，契诃夫以小说集《在黄昏中》获得了"普希金奖"，被誉为"俄罗斯语言的最后一位大师"。

1891—1892年，俄国发生大饥荒。契诃夫和列夫·托尔斯泰等一起积极参加了赈济灾民的工作，并揭露了政府的卑鄙行径。在他创作的短篇小说《妻子》当中，男主角阿索林利用赈济灾民工作为自己谋取"威望"和"道德"声誉，但他自己什么也不做，还竭力阻止和干涉妻子和其他人所做的实际救灾工作。这个人物实际上就是沙皇政府险恶特征的化身。

随着声誉和地位不断提高，契诃夫进一步意识到自己的社会责任。1892年，契诃夫移居至莫斯科近郊梅利霍沃村的庄园后，创作了短篇小说《决斗》。同年，控诉沙皇俄国如监狱般阴森可怕的小说《第六病房》发表。在这篇作品中，契诃夫不仅对自己所处时代的社会政治现实所做了最完整、最不妥协的描述，而且也批评了自己不久前醉心于"勿以暴力抗恶"的观点。小说《第六病房》使列宁阅读后都受到很大震动。《带阁楼的房子》（1896），揭露了沙俄社会对人的青春、才能、幸福的毁灭，讽刺了自由派地方自治会改良主义活动的于事无补。

1890年4月至12月，体弱的契诃夫不辞长途跋涉，去沙皇政府安置苦役犯和流刑犯的库页岛游历，对那里的所有居民、"将近一万个囚徒和移民"逐一进行调查。库页岛之行提高了他的思想觉悟和创作意境。1891年他在一封信里说："……如果我是文学家，我就需要生活在人民中间……我至少需要一点点社会生活和政治生活，哪怕很少一点点

库页岛风光

也好。"他开始觉察到，为《新时报》撰稿所带给他的只是"祸害"，终于在1893年同这家刊物断绝关系。他对俄国的专制制度有了比较深刻的认识，写出了《库页岛》（1893—1894）和《在流放中》（1892）等作品，而最重要的则是震撼人心的《第六病室》（1892）。这部中篇小说控诉监狱一般的沙皇俄国的阴森可怕，也批判了他自己不久前一度醉心的"勿以暴力抗恶"的托尔斯泰主义。列宁读它后受到强烈的感染，说自己"觉得可怕极了"，以致"在房间里待不住"，"觉得自己好像也被关在'第六病室'里了"。

在1890至1900年间，契诃夫曾去米兰、威尼斯、维也纳和巴黎等

地疗养和游览。从 1892 年起，他定居在新购置的莫斯科省谢尔普霍夫

维也纳一景

县的梅里霍沃庄园。1898 年，身患严重肺结核病的契诃夫迁居雅尔塔。1901 年他同莫斯科艺术剧院的演员奥尔迦·克尼碧尔结婚。在雅尔塔他常与列夫·托尔斯泰、高尔基、布宁、库普林和列维坦等人会见。

  在契诃夫短暂的 44 年生命中，他创作的大量优秀剧作堪与其小说成就交相辉映。从 19 世纪 90 年代末到 20 世纪初，契诃夫将创作重点转向了戏剧。在成为俄罗斯短篇小说巨匠之后，契诃夫开始按照自己的想法潜心写剧本。他的戏剧作品有《海鸥》（1896）、《万尼亚舅舅》（1896）、《伊凡诺夫》（1887）、《三姐妹》（1901）、《樱桃园》（1903）等。1896 年，契诃夫完成剧本《海鸥》的创作，在莫斯科艺术剧院上演后获得巨大成功。一方面，契诃夫在戏剧方面确有实力，语言相当口语化，又会表现时代的矛盾和冲突；另一方面，无疑也归功于契诃夫小

说的成功，没有名气垫底，他那些没有完整故事情节的剧本很难被观众超前接受。

契诃夫的戏剧作品色彩丰富多变，以至于人们难以判定它们是悲剧还是喜剧。作品基本上都曲折地反映了俄国1905年大革命前夕一部分小资产阶级知识分子的苦闷和追求，含有浓郁的抒情味和丰富的潜台词，令人回味无穷。

在相当长时间里，在世界舞台上人们似乎将契诃夫遗忘掉了。然而，国际戏剧界突然惊讶地发现契诃夫穿越时空、记录了人类永恒困惑的价值后，契诃夫成为继莎士比亚后世界戏剧的又一座丰碑。在欧美戏剧繁荣的国家，"没有一年不演契诃夫，就像不可能不演莎士比亚一样"。事实上，在欧洲和美国上演最多的经典剧作的作家中，莎士比亚无疑排名第一，而第二位则非契诃夫莫属。

1900年，契诃夫同列夫·托尔斯泰等一同被选为科学院名誉院士。

1901年，他同莫斯科艺术剧院演员奥尔迦·克尼碧尔结婚。

在契诃夫的小说、戏剧中，我们看到的往往是一些普通人平淡的日常生活。尽管文字包含着忧郁，流淌着哀愁，但结尾总是会暗示人们，不管生活当中发生了什么，生活并没有到此结束。

俄国作家米哈尔科夫说："契诃夫的惊人天才在于，当他讲自己的时候，我们仿佛觉得这也是在说我们。"高尔基说，这就是契诃夫作品"最可怕的力量"。

契诃夫作品风格独特，言简意赅，他的那句名言"天才的姊妹是简练"成为后世作家孜孜追求的座右铭。

契诃夫戏剧创作的题材、倾向和风格与他的抒情心理小说基本相似。他不追求离奇曲折的情节，他描写平凡的日常生活和人物，从中揭示社会生活的重要方面。在契诃夫的剧作中有丰富的潜台词和浓郁的抒情味；他的现实主义富有鼓舞力量和深刻的象征意义，"海鸥"和"樱

走进科学的殿堂

桃园"就都是他独创的艺术象征。斯坦尼斯拉夫斯基、丹钦科以及莫斯科艺术剧院（1898年建立）与契诃夫进行了创造性的合作，对舞台艺术作出了重大革新。

朱自清像　　　　　　　　　郭沫若

契诃夫在世界文学中占有自己的位置。他以短篇小说和莫泊桑齐名。欧美许多作家谈到契诃夫的创作对20世纪文学的影响。在中国，在契诃夫逝世后不久，《黑衣教士》和《第六病室》等小说就被翻译过来。他的剧本《海欧》、《万尼亚舅舅》、《三姊妹》和《樱桃园》也早在1921年和1925年先后由郑振铎和曹靖华等译成中文。以后，鲁迅艺术学院曾在延安演出《蠢货》、《求婚》和《纪念日》。瞿秋白、鲁迅、朱自清、茅盾、郭沫若、巴金等都对契诃夫有过论述。他的小说和戏剧几乎全部有中文译本。

1904年6月，契诃夫因肺炎病情恶化，前往德国的温泉疗养地黑森林的巴登维勒治疗。1904年7月15日，一个普通的夏日午夜，久病

白桦林里的学府——莫斯科大学

的契诃夫接过他的妻子克尼碧尔递过来的一杯香槟，用德语说着"我就要死了"，然后又露出他那习惯的可爱的笑容，留下他的最后一句话："很久没喝香槟了。"随即平静的干了那杯酒，侧身躺去，进入了永恒的梦境。这一夜，世界上少了一个人，少了一个语言天才，少了一个短篇小说和戏剧的圣手，少了一个热眼看人生的俄罗斯人。

契诃夫去世后被葬于莫斯科新处女公墓，终年仅44岁。

奥斯特洛夫斯基墓碑

文学艺术殿堂

走进科学的殿堂

俄国语言大师

伊凡·谢尔盖耶维奇·屠格涅夫（1818.11.9—1883.9.3），俄国异常敏感且优秀的诗人、作家，19世纪俄国有世界声誉的现实主义艺术大师。

屠格涅夫，1818年10月28日出生在俄罗斯中部奥勒尔省的一个世袭贵族家庭，父亲谢尔盖·尼古拉耶维奇是一个濒临破产的骠骑兵上校，母亲瓦尔瓦拉·彼得罗芙娜从其叔父那里继承了一大笔财产，是个拥有五千农奴的大地主，她对农奴奴婢横暴专肆，是个暴戾任性的女地主。

屠格涅夫的童年和少年时代是在斯帕斯克田庄度过的。屠格涅夫幼年时由私人教师教授法语、德语和英语，因为当时的俄国贵族认为使用他们自己国家的语言有失自己的身份。而俄语这种他如此精通并在其作品中精采运用的语言，是他不得不从仆人那里学到的。

屠格涅夫

白桦林里的学府——莫斯科大学

1827年，9岁的屠格涅夫随全家迁居莫斯科，就读于一所寄宿学校。1833年，15岁的屠格涅夫进入莫斯科大学语文系，他在这里参加过赫尔岑等人组织的革命小组。1834年转入圣彼得堡大学哲学系学习

圣彼得堡大学

语文专业，并开始了早期文学创作活动，写成处女作诗剧《斯杰诺》，带有鲜明的浪漫主义特色。其父在这一年病逝。

1837年，屠格涅夫大学毕业。1838年出国留学，在德国柏林大学进修黑格尔哲学、历史和古典语文，同时游历了荷兰、法国、奥地利、瑞士、意大利等国。在这期间，他结识了当时旅居德国的俄国社会活动家巴枯宁，并且见到了更加现代化的社会制度，被视为"欧化"的知识分子，主张俄国学习西方，废除包括农奴制在内的封建制度。

1841年，23岁的屠格涅夫在《现代人》杂志上第一次发表作品，两首诗。同年5月，返回俄国，应他母亲的要求而到内务部特别办公厅

供职2年。

1842年底至1843年，屠格涅夫结识了两个对他来说至关重要的朋友。一个是别林斯基，当时文坛上最活跃的人物，革命民主主义者、文学批评家，他受到不少熏陶，对他的一生和文学事业有深远的影响，二人结下了深厚友谊。他早期的世界观基本上是受别林斯基的影响而形成的，他终生都尊别林斯基为导师。另一个是法国著名女歌唱家波丽娜·维亚尔多，随歌舞团来彼得堡演出意大利歌剧，屠格涅夫一见倾心。维亚尔多有高度文化教养、聪明、迷人。维亚尔多给他带来了欢乐与痛苦、幸福与绝望，因为她已有了丈夫和孩子，不可能和他结合。为了她，他长期侨居国外，终生与她和她的一家保持着亲密的关系，而且他们两人一直仅仅保持真正的和纯洁的友谊关系，他也一生未娶。他后来写的许多充满诗意的爱情作品都与这一经历有关。而这也是作家特别留恋法国的原因，他与法国作家左拉、福楼拜、都德、龚古尔以及莫泊桑交往甚密，并热衷于将俄国文学传播到欧美。

左 拉 福楼拜

白桦林里的学府——莫斯科大学

都 德　　　　　　　莫泊桑

1843年发表的叙事长诗《帕拉莎》标志着他从浪漫主义转向现实主义，别林斯基从这部诗作中看出了他"独特的才华"。此后他逐渐转向了散文创作。

1845年春，屠格涅夫随巴黎意大利歌剧团首次来访巴黎，就住在维阿多巴黎东郊的家中——塞纳马恩区一座名为库尔塔夫奈尔的古堡，距巴黎60公里。屠愤。格涅夫与路易·维阿多十分投契，二人均热衷于打猎和文学艺术，维阿多不仅是音乐家，而且是意大利学、西班牙学学者，颇有著述。屠格涅夫第一次到法国，便与维阿多合译了一些普希金的诗，以后又合译果戈里，屠格涅夫作品的法文本，最早均是维阿多与其配合、翻译出版的。

1847年，屠格涅夫陪别林斯基去

普希金

文学艺术殿堂

普鲁士治病，在其影响下写了几篇特写。是年，《现代人》刊登了他的随笔，即此后《猎人笔记》的第一篇《霍尔和卡里内奇》，出乎意料地大获成功。

1848年2月，屠格涅夫转往巴黎，目睹了资产阶级对工人起义的血腥镇压，深感气愤。

1850年，母亲断绝了给予屠格涅夫的经济接济，迫他回国。接着母亲去逝，他便在自己的庄园中进行解放农奴的改革。

1852年，果戈理去世，沙皇政府下令不准悼念，屠格涅夫不顾当局的禁令发表了悼念文章，沙皇当局以"违反审查条例"为由，将他拘留一个月。在被拘的一个月中，他还写了著名的抗议农奴制的短篇小说《木木》。这是一个真实的故事，以母亲和她的看门人为原型，女地主的残暴和冷酷，聋哑农奴格拉西姆的真挚的感情和善良的心。是《猎人笔记》反农奴主题的续篇。随后，屠格涅夫被遣返原籍，在警察的监视下，在斯帕斯克村居住一年半。

1853年他获准返回彼得堡，进步文学界为他重获自由举行了欢迎会。

从1847至1851年，屠格涅夫在《现代人》上陆续刊出他的二十一篇随笔，1852年，《猎人笔记》单行本出版。

《猎人笔记》（1847—1852）是屠格涅夫第一部现实主义作品，以一个猎人在俄罗斯中部山村、田野打猎，纪录见闻的形式，反映了农奴制俄国村镇的生活现状。赫尔岑评价它是"用诗写成的对农奴制的控诉书"。

在创作《猎人笔记》同时，屠格涅夫还写了一系列的小说和剧本。1850年的《村居一月》，就是写平民知识分子与贵族的冲突。同年的《多余人的日记》勾画了多余人的形象，后来的命名出于此处。

从19世纪50年代起，屠格涅夫的创作重心开始转移到小说领域。他先在一系列中篇小说中塑造出他所熟悉的贵族知识分子的形象，像

白桦林里的学府——莫斯科大学

《僻静的角落》和《阿霞》等就是这样的作品。在俄罗斯文学中,所谓"多余人"这一专用名词就是在屠格涅夫的《多余人日记》发表后才广为流传的。而《阿霞》的问世更是引起社会的好评,车尔尼雪夫斯基专门为这个中篇写了一篇论文,这就是在俄罗斯文学批评史上占有很高地位的《幽会中的俄罗斯人》。在这篇论文中,车尔尼雪夫斯基称《阿霞》为当时文坛上的"几乎是唯一的优秀之作"。

从19世纪50年代中期至70年代后期,作家先后发表6部长篇小说,它们成了俄国19世纪40~70年代社会生活的艺术编年史:《罗亭》,写贵族知识分子的作用问题。主人公罗亭是他生活时代的"多余的人"。《贵族之家》,也是一部描写"多余的人"的小说。主人公拉夫列茨基最终无可奈何地退出了人生战场,表明贵族知识分子历史作用的终结。《前夜》是作家转向以"新人"——平民知识分子为主人公的第一部小说,女主人公叶莲娜是追求自由和解放新女性形象。《父与子》着力描写俄国自己的"新人"。父辈指老一代贵族,"子"辈指新一代平民知识分子。小说深刻揭示了这两代人的矛盾和冲突。《烟》反映出农奴制改革的有名无实。继而发表叙事诗《地主》和中篇小说《彼土什科夫》,它们已显示出自然派和果戈理的影响。他还创作了许多剧本,其中《食客》、《贵族长的早宴》、《单身汉》等,主要反映贵族生活和风俗习气。

果戈理

他的《贵族之家》、《前夜》、《阿霞》、《初恋》、《春潮》等小说所写的充心声。满诗意的爱情,一方面总是以悲剧结束而令人惋惜、心

文学艺术殿堂

酸；另一方面那爱情的美和力量又总是使人变得更纯洁、更高尚。这正是作者亲身的经历和心声。

1863年以后，屠格涅夫侨居巴登。1872年2月迁居巴黎。在巴黎，他同福楼拜、左拉等法国作家交往甚密，并在向西欧宣传和介绍俄国文学成就方面作了大量工作。同时他还结交了侨居国外的俄国民粹派拉夫罗夫、克鲁泡特金等人，并资助他们的刊物《前进》。

1877年，屠格涅夫发表了他的最后一部长篇小说《处女地》。《处女地》则直接反映19世纪70年代民粹派所发动的"到民间去"这一社会运动。作者以自己的渐进论观点去评价这一运动，并把希望寄托在改良主义者沙罗明身上。

《贵族之家》中文版

屠格涅夫晚期最重要的作品是于病中脱稿的《散文诗》（1860—1882），悲观情绪，感怀之作，但也有格调高昂的如《门槛》等。形式的完美，为其他作品所不及。它既是屠格涅夫人格的写照，又是屠格涅夫艺术的结晶；既是屠格涅夫思想和情感的履历表，又是屠格涅夫全部创作的大纲。

1883年9月3日，屠格涅夫在巴黎近郊的布席瓦尔因脊椎癌逝世。噩耗一出，震动全欧，人们遵照他的遗嘱，将他的遗骸由法国运回俄国，安葬在彼得堡沃尔科夫墓地的别林斯基墓旁。

白桦林里的学府——莫斯科大学

"俄国文学之父"

亚历山大·谢尔盖耶维奇·普希金（1799.6.6—1837.1.29），俄国最伟大的诗人、小说家，最年轻的诗人，寿命最短的诗人，近代文学奠基人，19世纪俄国浪漫主义文学的主要代表，同时也是现实主义文学的奠基人，现代标准俄语的创始人，被誉为"俄国文学之父"、"俄国诗歌的太阳"。

普希金于1799年6月6日出生在莫斯科一个家道中落的贵族家庭，父亲有很多藏书，叔父又是名诗人，当时俄国的一些文化名流是他们家的座上客。

受环境的影响，普希金从小就喜欢读书，七八岁就阅读了许多世界文学名著，并开始学习写诗了。1811年，12岁的普希金进入俄国当时最有名的贵族子弟学校皇村中学读书，那里的老师都是拥有自由主义思想的人，经常向学生赞扬法国的启蒙思想家和法国大革命，普希金深受影响。1812年战争所激起的爱国热潮给少年普希金极大的鼓舞。在校期间，他与未来的十二月党人丘赫尔伯凯等建立了深厚的友谊。这时，他的诗

普希金

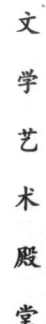

歌才华已经开始显露出来,并开始了他的文学创作生涯。

1814年,在中学考试中他朗诵了自己创作的《皇村回忆》一诗,表现出了卓越的诗歌写作才能,特别是他诗作韵文的优美和精巧深得在场的老诗人杰尔查的赞赏。从此普希金形成了爱好自由的思想。在早期的诗作中,他效仿浪漫派诗人巴丘什科夫和茹科夫斯基,学习17~18世纪法国诗人安德列谢尼埃的风格。

1817年,普希金从皇村中学毕业,进入彼得堡的外交部工作。这时期普希金和进步的十二月党人有着密切的联系,普希金在他们的影响下写出了大量歌颂自由、反对专制暴政的政治抒情诗,如《自由颂》(1817)、《致恰达耶夫》(1818)、《乡村》(1819)等。

1820年,普希金发表了他的第一部叙事诗《鲁斯兰·柳德米拉》,这是根据民间传说写成的,描写骑士鲁斯兰克服艰难险阻战胜敌人,终于找回了新娘柳德米拉。故事内容含有民主主义精神。普希金在诗中运用了生动的民间语言,从内容到形式都不同于古典主义诗歌,向贵族传统文学提出挑战。别林斯基称这部作品在俄国文学史上开辟了新的时代。

1820年3月,普希金被流放到俄国的南方。普希金在南方生活了4年。在那里,美丽、和谐、宁静的大自然景色激发了诗人崇仰自由的情感,他写了许多诗篇赞美纯洁的爱情和美妙的大自然,表现了对自由的渴望。

在这些诗里,普希金把批判的矛头直接指向沙皇,公开号召民众为推翻专制暴政而斗争,因此触怒了沙皇亚历山大一世,决定让他到南方去当差,这实际上是一次变相的政治流放。在那里,普希金接近了劳动人民,他经常穿着农民的服装,去集市上和他们谈话,听流浪艺人吟唱歌曲,搜集民歌、谚语、格言。同时,他开始研究俄国的历史。普希金写了热情浪漫的叙事诗《高加索的俘虏》(1821)、《强盗兄弟》(1822,

白桦林里的学府——莫斯科大学

未完成)、《茨冈》（1824），还写下了许多优美的抒情诗：《太阳沉没了》（1820）、《囚徒》和《短剑》（1821）等，表达了诗人向往自由的政治情绪。从这一时期起，普希金涛作中前辈诗人的影响逐渐消失，完全展示了自己独特的风格。别林斯基写到："他给俄国带来了作为艺术的诗，而不是抒写情感的美丽的语言。"

4年，普希金和敖德萨总督沃隆佐夫发生冲突，沙皇又把普希金送到他父亲的领地里幽禁起来。在两年的幽禁生活中，1825年，他写成了俄罗斯文学史上第一部现实主义悲剧《鲍里斯·戈东诺夫》，它取材于16世纪末、17世纪初俄国历史上的真实事件。

1826年，沙皇尼古拉一世登基，为了笼各人心，他允许普希金回到莫斯科，但普希金仍处于沙皇警察的秘密监视之下。普希金没有改变对十二月党人的态度，他曾对新沙皇抱有幻想，希望尼古拉一世能赦免被流放在西伯利亚的十二月党人，但幻想很快破灭，于是创作了政治抒情诗《致西伯利亚的囚徒》，表达自己对十二月党理想的忠贞不渝。1829—1836年，普希金的创作达到了高峰，其间几乎每部作品都在俄国文学史上有着崇高的地位。别林斯基赞叹道："这是怎样的诗行啊！一方面是古代的雕塑的严格的单纯，另一方面是浪漫诗歌的音韵的美妙的错综，这两者在他的诗韵中融合起来了。它所表现的音调的美，和俄国语言的力量

沙皇亚历山大一世

走进科学的殿堂

到了令人惊异的地步;它像海波的喋喋一样柔和、优美,像松脂一样浓厚,像闪电一样鲜明,像水晶一样透明、洁净,像春天一样芬芳,像勇士手中的剑一样的坚强而有力。它有一种非言语所能形容的迷人的美和优雅,一种耀目的光彩和温和的润泽;它有丰富的音乐、语言和音韵的和谐;它充满了柔情,充满了创造的想象及诗的表现的喜悦。"

尼古拉一世

1830年5月,他和莫斯科第一美人娜塔丽亚·冈察诺娃订婚。他到父亲领地波尔金诺去筹办自己的婚事,因瘟疫流行,交通封锁,他在波尔金诺住了3个月,这在文学史上被称为"波尔金诺的秋天"。在这期间,他写了大量作品,包括一部小说集、一部长诗、30多首抒情诗,并完成了他的代表作——长篇诗体小说《叶甫盖尼·奥涅金》。这是普希金最重要的作品之一,是俄罗斯现实主义文学第一部典范作品,

也是普希金由浪漫主义转向现实主义的第一部作品。它开启了塑造"小人物"的传统，他的现实主义创作炉火纯青。该小说被别林斯基称作是"俄罗斯生活的百科全书和最富于人民性的作品"，在俄罗斯文学史上有极其重要的地位。

1831年2月18日，诗人和冈察诺娃结婚。1833年秋天，他再次回到波尔金诺。在那里他写了叙事诗《青铜骑士》、童话《渔夫和金鱼的故事》、小说《黑桃皇后》，他还写了两部有关农民问题的小说《杜布洛夫斯基》、《上尉的女儿》。1833年11月，普希金回到圣彼得堡。

1836年，普希金创办了文学杂志《现代人》。该刊物后来由别林斯基、涅克拉索夫、车尔尼雪夫斯基、杜勃罗留波夫等编辑，一直办到19世纪60年代，不仅培养了一大批优秀的作家，而且成为了俄罗斯进步人士的喉舌。

尼古拉一世为了让冈察诺娃能出入宫廷舞会，赐给普希金一个"宫廷近侍"的职务。普希金年已35岁，被迫处在一群青年侍从当中，他感到屈辱，曾气愤地说："我可以做一个臣民，甚至做一个奴隶，却永远不愿做个臣仆和弄臣，哪怕就是在上帝那里。"这时，俄国的命运仍是他关注的中心，他准备写彼得大帝时期的历史。但他在贵族中受到敌视，他的天才不为人所理解，不少人仍把他看成20年代时期的浪漫主义诗人。

1837年1月29日，普希金死于和法国纨绔子弟丹特士的决斗。诗人38年的短暂一生却给俄国文学，也给世界文学宝库留下了丰厚的、无可替代的遗产。他的早逝令俄国进步文人曾经这样感叹："俄国诗歌的太阳沉落了"。

普希金作品崇高的思想性和完美的艺术性使他具有世界性的重大影响。他的作品被译成全世界所有的主要文字。普希金在他的作品中所表现的对自由、对生活的热爱，对光明必能战胜黑暗、理智必能战胜偏见

走进科学的殿堂

的坚定信仰,他的"用语言把人们的心灵燃亮"的崇高使命感和伟大抱负深深感动着一代又一代的人。天才的杰作,激发了多少俄罗斯音乐家的创作激情和灵感。以普希金诗篇作脚本的歌剧《叶甫根尼·奥涅金》、《鲍里斯·戈都诺夫》、《黑桃皇后》、《鲁斯兰与柳德米拉》、《茨冈》等等,无一不是伟大的音乐作品;普希金的抒情诗被谱上曲,成了脍炙人口的艺术歌曲;还有的作品还被改编成芭蕾舞,成为舞台上不朽的经典。屠格涅夫称他"创立了我们的诗歌语言和我们的文学语言",高尔基称他为"世界上极伟大的艺术家",别林斯基则认为他是"俄罗斯第一位诗人和艺术家"。

高尔基

文学艺术殿堂

白桦林里的学府——莫斯科大学

年轻多情的诗人

米哈伊尔·尤里耶维奇·莱蒙托夫（1814.10.15—1841.7.21），俄国最年轻的诗人。

莱蒙托夫于1814年10月15日出生在莫斯科，父亲尤里·彼得罗维奇·莱蒙托夫是一名退役大尉，母亲玛利亚·米哈伊洛夫娜·莱蒙托娃是一名贵族。家庭极不和睦，母亲在他3岁时早逝，是外祖母一手将他抚养成人。

莱蒙托夫的童年是在奔萨州阿尔谢尼耶娃外祖母的塔尔罕内庄园中度过的，他接受了首都式的家庭教育，从小就能流利地说法语和德语。1825年夏，外祖母带莱蒙托夫到高加索的矿泉疗养；儿时对高加索自然风光和山民生活的记忆在他的早期作品里留下了印记（《高加索》1830年；《蓝色的高加索山，你好！…》1832年）。

莱蒙托夫

1827年，莱蒙托夫随外祖母搬到莫斯科。1828年，莱蒙托夫作为半寄宿生进入莫斯科大学附属贵族寄宿中学四年级，在那里接受人文教育，此时开始写诗。拜伦式的长诗成为莱蒙托夫早期的主要作品。1828—1829年，他写下了《海盗》、《罪犯》、《奥列格》、《两兄弟》（死后发表）、《最后的自由之子》、《恶魔》等诗篇。这些长诗的主人公都是与社会抗争、践踏社会和道德规范的英雄、被抛弃者和暴乱分子，"罪恶"悬在他们头上，这种罪恶通常被秘密笼罩，并以苦难的表象出现。

拜 伦

1830年3月，根据枢密院令，莫斯科寄宿学校改为普通中学。1830年，莱蒙托夫"请求"退学，在莫斯科郊外斯托雷平家族的谢列德尼科沃庄园避暑消夏，同年考取莫斯科大学思想政治系。次年丧父。

莱蒙托夫的初恋发生在这段时期，他深深迷恋上了苏什科娃（1812—1868）。他是在友人韦列夏金娜的家中结识苏什科娃的。因为她，诗人于1830年开始了自己的抒情诗创作期。这个时期，他的做品有：《致苏什科娃》、《乞丐》、《十四行诗》、《夜》。不久以后，莱蒙托夫又疯狂地爱上了剧作家伊万诺夫的女儿伊万诺娃（1813—1875），但这只是一段短暂的恋情。

莱蒙托夫的个性形成于1830年至1832年，他不断地移情别恋很大程度上只是在尝试了解自己。他这一阶段诗歌的抒情对象是巴赫梅捷夫的妻子、莱蒙托夫大学同窗的妹妹 B·A·洛普希娜（1815—1851）。他对她的感情最为热烈，也最持久。洛普希娜既是他早期诗歌（《K.莱蒙托夫》1831 年、《她不是骄傲的美人……》1832 年等），又是晚期作品（《瓦列里克》，《恶魔》第六次印本的题词）的抒情对象或主人公原型；她的形象走进了诗歌《不，我没有如此强烈地爱着你》和《利托夫斯卡娅公爵夫人》（维拉）。1830—1831 年，诗人早期的抒情诗创作达到颠峰，之后开始走下坡路。

1832 年后，莱蒙托夫开始涉足叙事诗（《心愿》1832 年、《美人鱼》1832 年）和散文体小说领域。

1832 年，莱蒙托夫离开莫斯科大学前往圣彼得堡，希望在圣彼得堡大学继续求学，但他在莫斯科所听课程被拒绝评定合格。为了不重新开始学业，莱蒙托夫听从亲戚们的建议选择从军。1832 年 11 月，莱蒙托夫通过近卫士官生入学考试，在军校度过了两年时光，队列勤务、值勤和阅兵几乎占去了他所有的创作时间（军校生活粗糙自然地反映在他的士官生诗中——《彼得戈夫的节日》等）。

1834 年 9 月莱蒙托夫从士官学校毕业成为禁军骠骑兵团的一名骑兵少尉，此后，他的创作又趋活跃。

1835 年，莱蒙托夫第一次发表作品长诗《哈吉·阿勃列克》，同年写了剧本《假面舞会》。莱蒙托夫将剧本《假面舞会》的初稿交给书刊审查机关，同时还在创作诗歌《萨申卡》和《大贵族奥尔沙》，并开始写作小说《利托夫斯卡娅公爵夫人》。莱蒙托夫同穆拉维约夫、科兹洛夫以及与正在组建的斯拉夫主义小组关系密切。在小说《利托夫斯卡娅公爵夫人》（写于 1836 年，未完成，1882 年发表）中，莱蒙托夫首次对社会生活进行描写，并提前预料到 19 世纪 40 年代出现的"生理学"。

1837 年 2 月 8 日，普希金在决斗中受伤，两日后逝世。莱蒙托夫写了《诗人之死》一诗，指出杀死普希金的凶手就是俄国整个上流社会。

他愤怒地对这些屠夫说,他们虽然躲在法律的荫庇下,公论与正义都噤口无声,但是"神的裁判"在等着他们。"神的裁判"就是指人民的裁判。诗人因此被流放到高加索。这篇诗震动了整个俄国文坛,他被公认为普希金的继承人。

1837年2月18日莱蒙托夫被捕,"禁诗"政治案件的调查开始了。在莱蒙托夫流放高加索的途中,载有他的长诗《波罗金诺》的《现代人》杂志出版。这首纪念1812年卫国战争的诗篇是莱蒙托夫重要作品

卫国战争珍贵旧照片

之一,标志着他的创作活动进入成熟时期。诗中充满爱国主义,说明战争的真正英雄是人民。莱蒙托夫在被捕期间创作了《邻居》《囚徒》、《女邻》(1840)、《被囚的骑士》(1840)等诗篇。其中,《囚徒》是他辉煌的"狱中诗"创作周期的开始。

经过他的外祖母和诗人茹科夫斯基的奔走,莱蒙托夫于1838年4

月返回彼得堡原部队。不久，他发表用民歌体写成的长诗《沙皇伊凡·瓦西里耶维奇、年轻的近卫士和勇敢的商人卡拉希尼科夫之歌》，写的是16世纪伊凡雷帝时的一个故事。诗中青年商人不畏强权，挺身维护自己的尊严，博得正直善良的人们的尊敬。1838年在《祖国纪事》发表了《咏怀》一诗，严厉地批判当时代人，谴责他们缺乏理想，没有斗争勇气。接着又写了著名的诗篇《诗人》，继承十二月党诗人和普希金的传统，宣称诗人的使命在于唤起人们崇高的思想。

1840年新年，莱蒙托夫参加了一个贵族的假面舞会，写成《一月一日》一诗，引起宫廷贵族和上流社会的很大不满。是年2月因同法国公使的儿子巴兰特决斗，又遭逮捕。沙皇决定把他再度流放高加索。临行前他写篇有感于自己"永恒流浪"的沉痛的诗《云》。路过莫斯科时参加了果戈理命名日宴会，向果戈理朗诵了刚写好的长诗《童僧》（1839）的片断。长诗描写一个想要摆脱修道院的监狱般生活而返回家乡的少年的悲剧性故事，用第一人称叙述的方式揭示出主人公的内心活动。

莱蒙托夫于1840年4月出版的长篇小说《当代英雄》，由5个相对的中短篇组成，在高加索广阔的背景上展开了主人公毕巧林的复杂性格。毕巧林对当前贵族社会抱有批判甚至敌对的态度，他精力充沛，才智过人，在当时社会条件下得不到合理的发挥，只能在一些琐细无聊的小事上浪费自己的才能，乃至生命。毕巧林是俄罗斯文学中继普希金的奥涅金之后又一个"多余的人"形象。作者以批判的态度对待他，在《当代英雄》第二版序言中说，这个形象"是由我们这整整一代人身上充分发展了的缺点构成的"。《当代英雄》虽然带有浪漫主义色彩，但主要是现实主义的作品，结构完美，并富有特色，心理分析细致，语言准确优美，成为俄国文学中最早最出色的长篇小说之一。

莱蒙托夫于1840年6月到达高加索，7月就参加了瓦列里克河上的

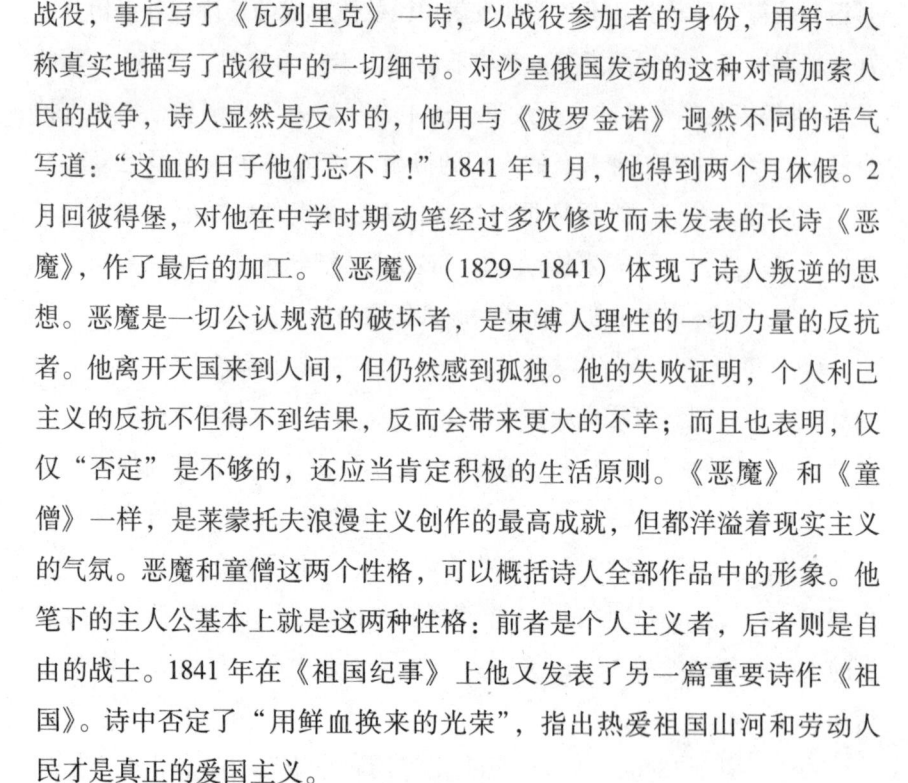

战役，事后写了《瓦列里克》一诗，以战役参加者的身份，用第一人称真实地描写了战役中的一切细节。对沙皇俄国发动的这种对高加索人民的战争，诗人显然是反对的，他用与《波罗金诺》迥然不同的语气写道："这血的日子他们忘不了！"1841年1月，他得到两个月休假。2月回彼得堡，对他在中学时期动笔经过多次修改而未发表的长诗《恶魔》，作了最后的加工。《恶魔》（1829—1841）体现了诗人叛逆的思想。恶魔是一切公认规范的破坏者，是束缚人理性的一切力量的反抗者。他离开天国来到人间，但仍然感到孤独。他的失败证明，个人利己主义的反抗不但得不到结果，反而会带来更大的不幸；而且也表明，仅仅"否定"是不够的，还应当肯定积极的生活原则。《恶魔》和《童僧》一样，是莱蒙托夫浪漫主义创作的最高成就，但都洋溢着现实主义的气氛。恶魔和童僧这两个性格，可以概括诗人全部作品中的形象。他笔下的主人公基本上就是这两种性格：前者是个人主义者，后者则是自由的战士。1841年在《祖国纪事》上他又发表了另一篇重要诗作《祖国》。诗中否定了"用鲜血换来的光荣"，指出热爱祖国山河和劳动人民才是真正的爱国主义。

1841年4月，莱蒙托夫本想趁休假之便设法离开军队，完全献身于文学事业，但所得到的却是限48小时之内离开彼得堡返回高加索的命令。5月，他来到皮亚季戈尔斯克，获准在矿泉停留疗养。在这里，他写下一系列诗篇：《梦》、《悬崖》、《他们相爱…》、《塔马拉》、《约会》、《叶》、《我独自上路…》、《海的公主》和《预言家》。

1841年7月27日，在皮亚季戈尔斯克，莱蒙托夫找到了过去的老友，其中还有士官生学校的同学马丁诺夫。在韦尔济林的家庭晚会上，莱蒙托夫的玩笑激怒了马丁诺夫。争吵过后马丁诺夫发出决斗的挑战；莱蒙托夫对这个小争执并未在意，接受了挑战，他没打算向同学开枪，结果自己被一枪打死。莱蒙托夫被安葬在塔尔罕内的家族墓穴中年仅37岁。

白桦林里的学府——莫斯科大学

俄国革命准备期的伟大作家

亚历山大·伊凡诺维奇·赫尔岑（1812—1870），俄国作家、政论家、唯物主义哲学家、革命活动家、民主主义革命者。

赫尔岑于1812年4月6日出生在莫斯科的一个大贵族家庭，自幼深受十二月党人起义影响，曾与挚友奥加辽夫在莫斯科麻雀山上起誓，要为俄国人民的解放事业而献身。1829年进入莫斯科大学数理科学习，在校期间与奥加辽夫等人组织政治小组，研究社会政治问题，关心西欧革命运动，宣传资产阶级启蒙主义、空想社会主义思想。

1833年大学毕业后，曾计划出版宣传革命思想的刊物，于1834年和小组成员一起被捕，以"对社会极其危险的自由思想者"的罪名先后两次被流放。长达6年的流放生活期间，他从多方面接触了黑暗的社会现实，加深了对专制农奴制度的憎恨和对下层人民的同情。1836年起，赫尔岑以伊斯康捷尔笔名发表文章。

1842年，赫尔岑结束了第

赫尔岑

二次流放，回到莫斯科，站在西欧派左翼立场，积极从事革命活动，并开始写作大量哲学论著和文学作品，对俄国社会、对"官方民族性"理论和斯拉夫主义进行揭露和批判。很快成为俄国进步思想界的领袖人物之一。列宁赞赫尔岑的哲学思想，"竟能达到最伟大的思想水平"。

这一时期，赫尔岑的哲学著作主要有：《科学上的一知半解》（1842—1843）和《自然研究通信》（1845—1846）。他的文学作品主要有：长篇小说《谁之罪？》（1846）、中篇小说《克鲁波夫医生》（1847）和《偷东西的喜鹊》（1848）等。

1847年3月，赫尔岑携家来到孕育革命风暴的法国。10月，他赶到爆发民族独立运动的意大利。当他在罗马听到法国1848年2月革命的消息后，又日夜兼程赶回巴黎。他的革命活动招致反动势力进一步迫害。法国政府搜捕他，沙皇政府不让他回国。1848年欧洲革命的失败，使赫尔岑思想上产生了危机。他对西欧的社会主义运动感到失望，转而寄希望于日益高涨的俄国农民斗争，错误地认为俄国可以在保留宗法制的情况下通过农民村社实现社会主义，这又为后来的民粹主义奠定了基础。但即使在思想最矛盾甚至悲观失望的时候，他也没有停止过反对封建专制的斗争。1849年他来到日内瓦，全家加入瑞士国籍。

巴黎风光

1852年他侨居伦敦，创办《北极星》、《钟声》等革命刊物，刊物通过各种渠道传入俄国，对俄国的革命运动起着很大的推动作用。1853年，他在伦敦建立自由俄罗斯印刷所，后又和奥加辽夫一起在那里出版《北极星》和《警钟》期刊，登载揭露沙皇专制制度的文学作品和各种文章、资料，宣传打倒地主、解放农民的民主思想。这些刊物当时被大量秘密运回俄国，促进了解放运动的发展。

伦敦风光

1855年，赫尔岑和奥加辽夫在伦敦创办文艺丛刊《北极星》（1855—1869），1857年又同奥加辽夫合办《钟声》报（1857—1867），发扬十二月党人革命传统，号召人民推翻沙皇专制制度。这些报刊大力揭露俄国社会的黑暗腐朽，宣传解放农民的革命主张，打破了国内沉闷窒息的了气氛。这些报刊大量地秘密运回俄国，促进了解放运动的发展。

农奴制改革前夕，赫尔岑还没有彻底摆脱贵族革命家的局限，活动圈子狭小，不完全相信人民的力量。在《钟声》上呼吁亚历山大二世自上而下地解放农奴，幻想感动沙皇，使其自动把土地发给农民。同时，在评价贵族知识分子对解放运动的历史作用上，又同车尔尼雪夫斯基等人有分歧。

19世纪60年代初，农奴制"改革"的骗局和农民运动的高涨使他丢掉了幻想，他坚决站在以车尔尼雪夫斯基为首的革命民主派一边，反对自由主义，促进秘密革命组织"土地与自由社"的建立，支持1863至1864年波兰起义。

晚年赫尔岑侨居日内瓦，同无政府主义者巴枯宁决裂，期待西欧革命运动的新高涨，把视线转向"马克思所领导的第一国际"，承认了国际的革命领导作用，寄希望于"劳工世界"。1870年1月21日，赫尔岑在巴黎逝世。不久，他的骨灰被运到了尼斯，安葬在他妻子旁边。

亚历山大二世

在流亡国外期间，赫尔岑主要以政论、随笔、回忆录、书信等形式进行创作。《法意书简》、《来自彼岸》（1847—1850）等论文集，以犀利的笔锋抨击西欧资本主义社会，抒发作者因目睹法国二月革命失败而引起的精神悲剧和激情，笔墨饱含血泪，情理交融，形成独具一格的抒情性政论。

代表作《往事与随想》（1852—1868）是赫尔岑一部包含着日记、书信、散文、随笔、政论和杂感的巨型回忆录，长达七卷，内容极为丰富，包括他在俄国和国外经历的许多历史事件。书中记录了他一生的思想探索过程，描写了形形色色的人物，文笔活泼生动，对了解当时俄国和西欧的历史、社会思想、文学艺术等方面很有价值。

法国二月革命

由于各种条件的局限，赫尔岑一生未能达到历史的唯物主义的高度。但是无论作为革命家、哲学家或文学家，他的作用都是巨大的。列宁称赞赫尔岑是"在俄国革命的准备时期起了伟大作用的作家"，他的许多著作在俄国长期被禁，到1905年后才准印行。在国外，赫尔岑的作品在19世纪70年代后期就已出版，后来被译成多种文字，广泛流传。

现代抽象艺术大师

瓦西里·康定斯基（1866—1944），现代艺术的伟大人物之一：现代抽象艺术在理论和实践上的奠基人。

康定斯基在1866年12月4日出生于莫斯科的一个知识分子家庭，他是一个茶叶富商的儿子，在敖德萨度过童年，在良好的家庭环境中受到完美的教育；中学时代，不但成绩优异，而且是优秀的业余大提琴手和画家。进莫斯科大学后，就读法律和经济学，但仍保持着对绘画的深厚兴趣。

1889年，康定斯基到沃洛格达从事民族史与民俗学调查研究，广泛接触到了俄罗斯民间绘画和装饰艺术，对它们夸张、非写实的表现手法和强烈的色彩，留下了非常深刻的印象。

瓦里西·康定斯基

1893年大学毕业，获博士学位，并在大学任教。

1896年，在他30岁的时候，为了学画，康定斯基放弃了法律教授的职位，来到了慕尼黑，在这里，他一下子就被弥漫在这个城市的新艺术运动气氛抓住了。1900年他从慕尼黑美术学院毕业，成为职业画家。

白桦林里的学府——莫斯科大学

1903年，他开始了欧洲及北非之行，并实地考察了各国现代艺术运动

慕尼黑一景

的发展状况，历时四载，从而加深了对欧洲文化的全面了解。1908年，康定斯基定居慕尼黑，并开始了他的职业艺术生涯。1909年，康定斯基加入德国表现派社团"慕尼黑新艺术家协会"，并担任首届主席。次年他完成了自己的第一部关于抽象艺术的重要理论著作《论艺术的精神》，并创作了第一幅抽象作品《即兴创作》。在这期间，康定斯基关于非客观物体的绘画或者没有实际主题的绘画正在萌芽。

1911年，康定斯基与马克共同退出"慕尼黑新艺术家协会"，另行组建了"青骑士派"，并出版自己的刊物《青骑士年鉴》。

在1912年出版的《论艺术的精神》一书中，康定斯基把自己当年在俄国求学时，头脑里盘旋的一些思想加以条理化。他在马奈的绘画中，第一次觉察到物体的非物质化问题，并且不断地吸引着他。通过在

走进科学的殿堂

慕尼黑的展览，以及连续的旅行，他学到了更多的新印象主义、象征主义、野兽派以及立体主义者的革命性新发现。物理科学中的进展，粉碎了他对可触知的物体的世界所维持的信念。同时，他也增强了信心，认为艺术必须关心精神方面的问题，而不是物质方面的问题。虽然康定斯基对科学及法律有强烈的兴趣，但他还是被通神学、降神术和玄奥所吸引。在他的思想王国里，总有那么一个神密的内核，他有时把它归根于俄罗斯的什么东西。因此，这种神秘主义，这种内在创作力量的感觉，是一种精神而不是外部景象或手工技巧。它能使人得出一种完全没有主题的艺术，除非仅用色彩、线条以及它们之间的关系来形成这一主题。

马 奈

1914年，第一次世界大战迫使康定斯基离开德国，返回俄国。俄国革命之后，他于1918年被任命为莫斯科美术学院教授，1919年协助组建俄罗斯博物馆。1920年，他被任命为莫斯科大学教授，一个由政府发起的他个人作品展览在莫斯科举行。到了第二年，原先在探索现代艺术方面的良好气候变了，康定斯基曾试图通过造型艺术家、文学家和音乐家的共同参与协作，来对现代造型艺术语言进行系统的研究，以期建立一套能适合各种艺术创作的共同而完整的理论原则。但他的理论探索受到了来自构成主义阵营中"生产艺术者"们的抵触。他们于1921年11月24日签署宣言，正式拒绝"抽象创作"。于是，康定斯基只好重返西欧。1921年底，康定斯基又回到了德国，不久被任命为魏玛新成立的包豪斯学院教授，后来成为副校长。

俄罗斯博物馆

1922年，康定斯基加入了包豪斯学院。前几年，在俄国至上主义和构成主义的影响下，他的绘画逐渐从自由抽象转向一种抽象的形式。这种变化，可以从1919、1920年、1923年的三幅画里看出来。《灰色，第222号》几乎完全是自由的，非几何形的。《白线，第232号》显示了一些有规则的形状、直线条和一些边缘轮廓分明的弯曲形状。在《强调的是角，第247号》这幅画中，这一切便被有规则的坚硬轮廓所取代了。

这并不是说，康定斯基在1921年之后抛弃了他早期风格的表现主义基础，他那通神论的思想仍然存在着。甚至在几何形体最僵硬的时期，他的绘画在结构上也是富有动势的，三角形、圆形和线条以及不稳定的斜线，忽隐忽现地互相闪现。在继续采用杂色的色块，与几何线条

包豪斯学院

形成对比。偶尔情绪变得平静下来：在《几个圆形，第323号》里，透明的圆形色块，在黑色的空间里，宁静地互相擦肩飘过。这期间，康定斯基强调了他对于抽象表现力所倾注的热情。他仍然认为，他的绘画是浪漫的。

　　康定斯基是包豪斯学院最有影响的成员，这不仅因为他是一位伟大的艺术家、现代抽象的先驱、带来俄国抽象艺术革命第一手知识的有才能的教师，还因为他能够有系统、清楚而准确地表达他的视觉和理论上的概念。1926年，他出版了构图课程《点、线到面》一书。康定斯基的这本书，想给艺术作品的要素和他们之间的关系，下一个比较绝对的定义。这种关系，是指一个要素对另一个要素，以及对整体的关系。他那脱俗、浪漫的艺术基础，在这里表现得十分明显。

　　康定斯基对于包豪斯基础课程的贡献主要在两个方面，即分析绘画

和对色彩与形体的理论研究。他比较重视形式和色彩的细节关系。他要求学生设计色彩与形体的单体，然后把这些单体进行不同的组合，从中研究形体与色彩的结构方式和产生的艺术效果。他的教学是从完全抽象的色彩形体理论开始，然后逐步把这些抽象的内容与具体的设计联系起来。

康定斯基与包豪斯学院的关系到1933年便终止了。他创作了许多画，画中充满了主题的含意和形式之间的冲突，但从未离开过抽象手段。在包豪斯学院行将解散的那些年里，康定斯基的绘画，又重新出现了抒情的五彩缤纷的一面，取代了建筑式的处理手法。

1933年末，康定斯基在巴黎定居，一直到逝世。对他来说，最后这个时期，无论是在作品数量上，还是在思想与形式的发展上，都是丰富多彩的。总之，他继续追求更自由、更有生物形态的造型和色彩，偶尔还创造生物形态的质感，但这种质感，比他以往抽象表现主义作品的质感，更加辉煌、多样。形状依然是轮廓鲜明，但是，这些形状似乎是从微观世界的幻想中浮现出来的。

个人的抽象幻想，是康定斯基后来那些年的主要出发点。有时他把小而自由的形状，任意散布在统一的色彩背景上；但有些时候，便回到一种尽可能少的要素安排，好像是在净化他的手法。康定斯基最后的一批绘画表明，现代艺术中一批最杰出、最有影响的人才已告成熟。

他在1911年所写的《论艺

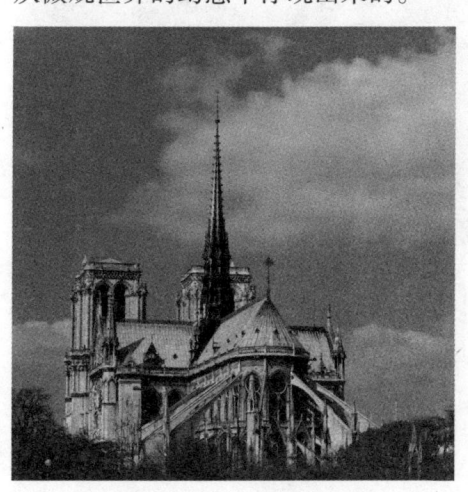

巴黎风光

术的精神》、1912年的《关于形式问题》、1919年的《灰色，第222号》、1920年的《白色，第232号》、1923年的《强调的是角，第247》号、1923年的《点、线到面》、1933年的《构图九，第626号》、1938年的《论具体艺术》等论文，都是抽象艺术的经典著作，是现代抽象艺术的启示录。

  1944年12月13日，康定斯基卒于法国塞纳河畔的讷伊，享年78岁。

塞纳河畔一景

流亡作家索尔仁尼琴

亚历山大·伊萨耶维奇·索尔仁尼琴（1918.11.12—2008.8.3），前苏联的流亡作家。

索尔仁尼琴在1918年11月12日出生于高加索基斯洛沃茨克市一个教师家庭。1924年，随寡母迁居到顿河上的罗斯托夫市。在这里，他读完了中学，考入罗斯托夫大学的物理数学系，1941年以优异成绩毕业。与此同时，因酷爱文学，他还在莫斯科大学哲学文学语言学院文学系读函授，在攻读文学方面取得了优异的成绩。

1941年苏德战争爆发后，索尔仁尼琴应征入伍，曾担任大尉炮兵连长，两次立功受奖。

索尔仁尼琴

1945年2月因在与友人通信中指责斯大林，在东普鲁士的前线被捕，判8年监禁。1953年2月刑满获释后，被流放到哈萨克斯坦。1956年解除流放，次年恢复名誉，后在梁赞市任中学数学教员。

走进科学的殿堂

索尔仁尼琴于 1962 年发表的处女作——中篇小说《伊凡·杰尼索维奇的一天》该书在《新世界》上刊出。摄取的是 20 世纪 40 年代某劳动营的生活场景，作者用冷静而略带幽默的口吻描述了犯人舒霍夫度过的平凡一天，并借此反映了极左路线给苏联人民带来的深重苦难。作品问世后，在苏联国内外引起轰动。

索尔仁尼琴的这篇《伊凡·杰尼索维奇的一天》小说，是他 1959 年创作的，原名为《854 号劳改犯》。他当时的创作是处于地下状态，创作得苦寂，因此他非常希望能够公开出版他的作品。于是他把作品委托朋友送到了《新世界》编辑部，编辑部的特瓦尔多夫斯基被作品深刻的思想和强烈的感染力所吸引，他决定采用这部作品。于是他约索尔仁尼琴到莫斯科的《新世界》编辑部见面，提出修改意见，其中之一就是把书名从《854 号劳改犯》改成《伊凡·杰尼索维奇的一天》。

尽管特瓦尔多夫斯基明白作品的价值，但却仍然不敢擅自作主发表作品，因为这是苏联第一部描写集中营生活的作品。为了让作品得以问世，特瓦尔多夫斯基于是决定走上层路线，他把作品送给了赫鲁晓夫的

顿 河

文学顾问列别杰夫,当列别杰夫为赫鲁晓夫朗诵这部作品时,赫鲁晓夫听得非常认真,并称赞这是一部好作品。后来,赫鲁晓夫利用第一书记的权威下令出版了该书。

1962年11期的《新世界》刊登了这部小说,刊登这部作品的《新世界》杂志在两天之内被抢购一空,而且还有许多人争相订阅。当时杂志只有9400本,后来杂志出了两版单行本,发行达80万册。小说发表仅10余天,《文学报》、《消息报》、《文学与生活》、《星火》等报刊就陆续刊登了一些文艺界名人的文章,对小说表示热情的赞扬。

赫鲁晓夫

紧接着,索尔仁尼琴又发表了3篇暴露社会阴暗面的短篇小说《玛特辽娜的家》、《克列切托夫卡车站事件》和《为了事业的利益》。

1962年,索尔仁尼发表了描写苏联集中营生活的中篇小说《伊凡·杰尼索维奇的一天》。1965年3月,《伊凡·杰尼索维奇的一天》受到公开批判。

但从20世纪60年代中期开始,索尔仁尼琴的创作受到苏联官方的压制,作品不能在苏联国内发表。1967年5月,第四次苏联作家代表大会前夕,索尔仁尼琴给大会写了一封公开信,要求"取消对文艺创作的一切公开和秘密的检查制度",遭到当局指责,大会通过了谴责他是

走进科学的殿堂

苏联作家的叛徒的决议。

1968年，索尔仁尼琴的长篇小说《癌病房》和中篇小说《第一圈》先后在西方出版，并引起各国读者的关注。《癌病房》和《第一圈》均带有象征意味，都有作家自身经历作基础。《第一圈》介绍的是莫斯科附近一个政治犯特别收容所，《癌病房》叙述了苏联集中营历史和现状。

1969年11月，他被开除出苏联作家协会，并且受到国际上一些著名作家如萨特的抗议。

1970年10月，索尔仁尼琴获得诺贝尔文学奖，授奖评语为："因为他在追求俄罗斯文学不可或缺的传统所具有的道德力量"。但迫于形势，他没有前往斯德哥尔摩领奖。

20世纪70年代初，索尔仁尼琴先后在国外出版了在国内未获准出版的长篇历史小说《1914年8月》(《红轮》第一部，1971)和特写性长篇小说《古拉格群岛》第一卷(1973)，批露了从1918年到1956年间苏联监狱与劳改营的内幕。"古拉格"是劳动营管理总局的缩写音译，"群岛"则是指苏联庞大的劳动营体系。《古拉格群岛》由作者的个人经历，上百人的回忆、报告、书信，以及苏联官方和西方的资料组成，分七大部分叙述1918～1956年苏联集中营的情况，并称到70年代，集中营虽已被废除多年，实际它依然存在。《古拉格群岛》的出版引起巨

萨 特

大的反响。1974年2月他被拘留,被剥夺苏联国籍,并被驱逐出境到联邦德国。

1974年12月索尔仁尼琴起侨居瑞士苏黎世,后流亡美国。美国政府于1974年10月授予他"美国荣誉公民"称号。1978年6月8日他在美国哈佛大学发表演讲时,因批评西方社会的实利主义和自由主义,引起一场争论。

哈佛大学

在国外的18年间,索尔仁尼琴埋头创作,基本上过着隐居的生活。在此期间他在西方出版的主要著作有:《和平与暴力》(1974)、《列宁在苏黎世》(1975)、《小牛撞橡树》(1975)、《缓和》(1976)、《1916年10月》(1984)和《1917年3月》(1986—1988)等。《牛犊顶橡树》是一部关于苏联国内"文学生活的特写",其中讲到自己作品的遭遇。另两部均为长篇小说,与《1914年8月》组成三部曲,表明作者否定马克思列宁主义,否定十月革命的历史必然性,并对列宁进行了攻击。主张"以农业和手工业为基础"恢复"古老的俄罗斯生活方式"。

1989年,苏联作协书记处接受《新世界》杂志社和苏联作家出版社的倡议,撤消作协书记处于1969年11月5日批准的把索尔仁尼琴开除出苏联作协的"不公正的、与社会主义民主原则相抵触的决定",同时委托当选为苏联人民代表的作家们,向最高苏维埃提出撤消最高苏维埃主席团1974年2月12日的命令。根据苏联作协的决定,索尔仁尼琴的作品开始在前苏联国内陆续出版。

20世纪80年代末以后,经过俄罗斯总统叶利钦的邀请,索尔仁尼琴结束了流亡生活,回到了俄罗斯,原来遭禁的一些作品也已陆续在国内出版。在俄罗斯国内,评论界和读者对他及他的创作褒贬不一。但在1998年叶利钦宣布颁发给他国家奖章的时候,他拒绝接受。直到2007年,他才接受普京亲自去他家颁发的国家奖章。

叶利钦

2008年8月3日深夜,索尔仁尼琴由于心力衰竭在莫斯科逝世,享年89岁。

索尔仁尼琴是20世纪下半叶世界文坛上一个颇具争议、褒贬不一的作家,但是他在俄苏文学界和思想界的重大影响却是人们所公认的。

思想光芒

白桦林里的学府——莫斯科大学

俄国文学评论家

维萨利昂·格利戈利耶维奇·别林斯基（1811.5.30—1848.6.7），俄国著名革命民主主义者哲学家、政论家，杰出的文学评论家，俄国解放运动中"完全代替贵族的平民知识分子的先驱"。

别林斯基在1811年5月30日出生于斯韦阿博尔格城一个贫寒的医生家庭，父亲曾是军医。

别林斯基在他的中学时代就爱上了文学，1829年考入莫斯科大学语文系。1831年创作反农奴制倾向的剧本《德米特里·卡里宁》。1832年因组织进步小组"十一号文学社"和创作反农奴制戏剧《德米特利·卡里宁》，被学校借口他长期患病、荒废课业将他开除。

别林斯基

1833年起，别林斯基应邀为《望远镜》杂志和《杂谈报》撰稿，开始走上了文学批评的道路。同年参加当时的进步青年小组。1834年发表第一篇长篇论文《文学的

思想光芒

幻想》。此后，他写下了不少文学评论文章。1838出任《莫斯科观察家》杂志编辑。1839年该杂志因故停刊，他前往彼得堡，主持《祖国纪事》杂志文学评论栏的工作，时间长达6年。在这6年里，几乎每期都有他的评论文章。他的卓越工作和评论使杂志获得了广泛声誉。

彼得堡一景

19世纪40年代初，在俄国解放运动的影响下，并受到唯心主义的影响，别林斯基转到了革命民主主义一方，在文艺领域里，开始以唯物主义观点探讨问题。由于社会历史条件的限制，他的不少观点具有空想的性质，但不失为俄国社会民主主义的先驱。

1846年，别林斯基离开《祖国纪事》杂志，转至涅克拉索夫领导的《现代人》杂志，主持文学批评栏工作。别林斯基的思想经历了由启蒙主义到革命民主主义，由唯心主义到唯物主义的转变过程。由于他的影响，《现代人》和《祖国纪事》成了当时进步知识界的舆论阵地。

别林斯基一共写了一千多篇评论文章。

1847年5月3日别林斯基由于患结核病出国治疗。同年7月在德国疗养地给果戈理写了一封信，对果戈理《与友人书简选》中的错误观点作了批评，认为俄国最迫切的问题是废除农奴制和推进文明与启蒙；作家的职责是成为人民和社会进步的喉舌。

《亚历山大·普希金作品集》（1843—1846）是别林斯基文学批评的主要代表作，书中比较系统地论述了俄罗斯文学从罗蒙诺索夫到普希金的变化和发展，以及现实主义的形成过程。

别林斯基的贡献是多方面的。他不仅通过他的著作宣传了革命民主主义的政治纲领，而且第一个系统地总结了俄国文学发展的历史，科学地阐述了艺术创作的规律，提出了一系列重要的文学和美学见解，成为俄国文学批评与文学理论的奠基人。

彼得堡一景

他的文学评论与美学思想在俄国文学史上起过巨大的作用，它推动了俄国现实主义文学的进一步发展，对车尔尼雪夫斯基、杜勃罗留波夫美学观念的形成有直接的影响。

1848年5月26日，别林斯基因病于彼得堡去世，年仅37岁。

别林斯基的文学遗产十分丰富，主要著作有《诗的分类和分科》、《给果戈理的信》、《艺术的观念》、《论俄国中篇小说和果戈理君的中篇小说》、《现代人》、《祖国纪事》、《论普希金的作品》和《1847年俄国文学一瞥》等。

白桦林里的学府——莫斯科大学

无政府主义的代表

米哈伊尔·亚利山德罗维奇·巴枯宁（1814.5.30—1876.7.1），无政府主义思想的著名代表。

巴枯宁1814年5月8日出生于俄国特维尔省一个叫普里阿姆基诺的一个官僚贵族家庭。作为一个当时被人们称为"小贵族"的家庭里的长子，他是在充满田园般的纯朴浪漫环境中长大的。按照父亲希望他将来从事军事生涯的意愿，巴枯宁在14岁时被送到圣彼得堡炮兵学校。和其他年轻贵族兼帝国未来的军官们一样，青年巴枯宁那时的生活是无忧无虑的。但是他很快就对军营失去了兴趣，并试图用各种办法摆脱。坚持不懈几年后，他如愿以偿，但也为此连累他父亲得罪了一些朋友。

巴枯宁

巴枯宁中学毕业后就读莫斯科大学，并在那里认识了赫尔岑与奥伽雷夫。在青年时期，同当时俄国的其他一些贵族家庭出身的知识分子一

思想光芒

走进科学的殿堂

样，以研究黑格尔、康德等人的哲学为时髦，攻读黑格尔著作。巴枯宁和当时俄国其他一些贵族家庭出身的知识分子一样，热衷于德国哲学，以研究黑格尔、康德等人的哲学为时髦。

1840年假期来到时，巴枯宁回到家乡普里阿姆基诺，决定离开俄国，到德国去学习黑格尔理论。最后赫尔岑解囊帮助他实现了这个计划。

巴枯宁到欧洲后在柏林大学读书。他是当时黑格尔学派的主要代表人维尔德课堂上的常客。就像那个时代包括马克

黑格尔

思想光芒

柏林大学

白桦林里的学府——莫斯科大学

思和恩格斯在内的许多年轻哲学爱好者一样,黑格尔理论对巴枯宁的影响是深刻的,它引导巴枯宁走上了革命的道路。从此,巴枯宁决定不再返回俄国。

从1842年至1848年,巴枯宁经常与民主圈子的人士密切往来,沙皇的秘密警察也开始注意上了他,巴枯宁只能选择离开德国,先后辗转瑞士、比利时等地,最后来到法国。

在巴黎,他结识了马克思和恩格斯,并常常与德国和波兰的流放人士在一起。1847年,巴枯宁在巴黎举行的纪念波兰人民1830年反沙皇政府起义17周年大会上发表演说,对沙皇专制制度进行了严厉的抨击,使他赢得了一定的声誉。但俄国大使对此马上做出反应,法国政府在俄国政府的压力下将他驱逐出境。于是,他来到了比利时。

马克思

恩格斯

思想光芒

走进科学的殿堂

1848年初,"二月革命"在巴黎爆发。巴枯宁闻讯立即回到巴黎,并热情投入到激昂的运动中。

接下来波兰发生起义,他匆匆动身前往;起义被镇压下去时,他还在德国。于是他改变行程来到布拉格,参加那里的一个奥地利斯拉夫人代表大会。大会期间布拉格市各种状况频繁出现,并导致了持续五日的骚乱,最后大会代表们不得不撤离奥地利。

1849年5月,巴枯宁参加了德雷斯顿人民武装起义,巴枯宁自然加入并成为这个革命运动的主要成员。运动失败后,他被捕入狱。

1850年,巴枯宁被判处死刑,稍后改判终身强制劳动。奥地利和俄国都要求将他引渡,最后德国人把他交给奥地利。1851年5月,巴枯宁被引渡回俄国,回到了他曾不愿再次见到的俄国,并被关在圣彼得堡的皮埃尔保罗城堡中。

在狱中,巴枯宁向沙皇写了一份著名的数万言的《忏悔书》,恭维沙皇是"慈父",承认自己"是个十恶不赦的罪犯!"表示向沙皇"伏地求恩"。但是,在一封偷偷让人转给妹妹纳提亚娜的信中,他却毫不含糊地表达出他的真实思想和唯一愿望,他要重获自由,再次投身到革命者的行动中去。

由于巴枯宁卑躬屈膝,连续得到减刑。在西伯利亚流放期间,总督是他的舅父,他被委托到各地去巡视。

1861年,巴枯宁从西伯利亚成功逃脱,并辗转日本、三番市、纽约,于在1861年底来到伦敦。

巴枯宁很快就和1848年以前认识的革命人士重新取得联系。这时起义在波兰再次爆发。很多志愿者组织起来试图经过俄国水道输送支持力量。巴枯宁也加入了这一行动,历经惊险曲折,两次赴瑞典,终于不得不放弃了计划。

1866年,巴枯宁赴日内瓦参加"和平与自由联盟"代表大会,被

思想光芒

三藩市一景

推选为常务委员会成员，负责策划行动计划。在这一阶段，他写下了论著《联邦主义，社会主义与反对神学主义》，并结识了后来成为他思想传人的詹姆士·季佑姆。

1868年，巴枯宁先以个人身份加入"国际劳工联合会"，并将"社会民主国际联盟"纳入"国际劳工联合会"。

从19世纪60年代至70年代，巴枯宁发表了一系列旨在宣传无政府主义的著作，其中《国家制度和无政府状态》一书，集无政府主义观点之大成。在1872年的国海际牙代表大会上，巴枯宁指使其党羽搞分裂活动，被大会开除出第一国际。

一直到1873年，巴枯宁留在汝拉地区同盟会，由于年纪体力关系，他退出了该会。1874年他又参与意大利波伦亚一次市民起义的发动工作。起义计划后来被警方发现而流产。面对强大的反动势力，他又一次出走逃亡。

走进科学的殿堂

波伦亚

　　巴枯宁一生的最后两年在远离政治的环境中度过，有时在意大利，有时在瑞士。1876年7月1日，巴枯宁在瑞士伯尔尼病逝。

　　巴枯宁的代表著作是《国家制度和无政府状态》。

科学之光

数学派的创始者

帕夫努季·利沃维奇·切比雪夫（1821.5.16—1894.12.8），俄国数学家，机械学家，圣彼得堡科学院院士。

切比雪夫在1821年5月16日出生于俄国奥卡托瓦的一个贵族家庭，他的祖辈中有许多人立过战功。父亲列夫·帕夫洛维奇·切比雪夫曾经参加过抵抗拿破仑入侵的卫国战争，母亲阿格拉费娜·伊万诺夫娜·切比雪娃也出身名门，他父母共生育了5男4女，切比雪夫排行第二。他弟弟弗拉季米尔·利沃维奇·切比雪夫后来成了炮兵将军和彼得堡炮兵科学院的教授，在机械制造与微震动理论方面颇有建树。

切比雪夫

切比雪夫的左脚生来就有残疾，所以切比雪夫的童年时代是在家中渡过的，他养成了在孤寂中看书和思索的习惯，并对数学产生了强烈的兴趣，并被欧几里得的《几何原本》中关于没有最大素数的证明所深深吸引。

切比雪夫有一个富有同情心的表姐，当其余的孩子们在庄园里嬉戏时，表姐就教他唱歌、读法文和做算术。

走进科学的殿堂

1832年,切比雪夫全家迁往莫斯科。为了孩子们的教育,切比雪夫的父亲请了一位相当出色的家庭教师波戈列日斯基,他是当时莫斯科最有名的私人教师和几本流行的初等数学教科书的作者。切比雪夫从家庭教师那里学到了很多东西,并对数学产生了强烈的兴趣。

1837年,16岁的切比雪夫考入莫斯科大学物理数学系学习,在大学四年级时,他在一篇题为《方程根的计算》的论文中,提出了一种建立在反函数级数展开式基础之上的方程近似解法,因此获得该年度系里颁发的银质奖章。

欧几里得

1841年,切比雪夫从莫斯科大学毕业后留校当助教,并同时攻读硕士学位。与此同时,切比雪夫家在卡卢加省的庄园因为灾荒而破产了。切比雪夫不仅失去了父母方面的经济支持,而且还要负担两个未成年弟弟的部分教育费用。1843年,切比雪夫通过了硕士课程的考试,并在刘维尔的《纯粹与应用数学杂志》上发表了一篇关于多重积分的文章。1844年,他又在格列尔的同名杂志上发表了一篇讨论"泰勒级数收敛性"的文章。1845年,他完成了硕士论文《试论概率论的基础分析》,于第二年夏天通过答辩并获得硕士学位。

1846年,切比雪夫接受了彼得堡大学的聘请,担任助教职务,从此开始了在这所大学教书与研究的生涯。他的数学才干很快就得到在这里工作的布尼亚科夫斯基和奥斯特罗格拉茨基这两位数学前辈的赏识。1847年春天，在题为"关于用对数积分"的晋职报告中，切比雪夫彻底解决了奥斯特罗格拉茨基不久前才提出的一类代数无理函数的积分问题，他因此被提升为高等代数与数论讲师。他在文章中提出的一个关于二项微分式积分的方法，今天可以在任何一本微积分教程之中找到。

1849年5月27日，切比雪夫以题为《论同余式》的论文通过答辩，获得彼得堡大学博士学位，并在几天之后，被告知荣获彼得堡科学院的最高数学荣誉奖。切比雪夫于1850年在彼得堡大学晋升为副教授。

1853年，切比雪夫被选为彼得堡科学院候补院士，同时兼任应用数学部主席。1856年成为副院士，1859年当选为彼得堡科学院院士。同时，他还先后当选为法兰西科学院、柏林皇家科学院、意大利皇家科学院、瑞典皇家科学院的外籍院士和伦敦皇家学会会员。同时他也是全俄罗斯所有大学的荣誉成员、全俄中等教育改革委员会的成员和彼得堡炮兵科学院的荣誉院士。他还是彼得堡和莫斯科两地数学会的热心支持者。他发起召开的全俄自然科学家和医生代表大会对于科学界之间的相互了解与科学在民众中的影响起到了很大的作用。1860年晋升为彼得堡大学教授。

1872年，在切比雪夫到彼得堡大学任教25周年之际，学校授予他功勋教授的称号。1882年，切比雪夫在彼得堡大学执教35年之后光荣退休。

在35年的执教期间，切比雪夫在彼得堡大学教过数论、高等代数、积分运算、椭圆函数、有限差分、概率论、分析力学、傅里叶级数、函数逼近论、工程机械学等10余门课程。他的讲课深受学生们欢迎。

切比雪夫是彼得堡数学学派的创始人和苏联现代数学事业的奠基人。他在许多数学领域及其邻近学科都有重要贡献。他探讨了素数分布的渐近规律，证明了伯特兰德猜想与关于自然数列中素数分布的定理；

研究了用有理数逼近实数的问题，发展了刁番图逼近理论；用矩法证明了概率论中大数律的一般公式及中心极限定理；从研究机械原理出发，利用多项式来逼近连续函数，创立了"函数逼近论"这一新的数学分支。

切比雪夫对数学作出了大量的贡献，在数学中以他的姓氏命名的有：切比雪夫集、切比雪夫交错、切比雪夫点、切比雪夫结点、切比雪夫网、切比雪夫常数、切比雪夫向量、切比雪夫中心、切比雪夫子空间、切比雪夫半径、切比雪夫逼近、切比雪夫函数、切比雪夫方程、切比雪夫系、切比雪夫准则、切比雪夫法、切比雪夫迭代法、切比雪夫参数迭代法、切比雪夫半迭代法、切比雪夫多项式、切比雪夫不等式、切比雪夫定理等等，而其中以他的姓氏命名的定理、方程、多项式、不等式……等有多种。

1890年切比雪夫荣获法国荣誉团勋章。

19世纪以前，俄国的数学是相当落后的。在彼得大帝去世那年建立起来的科学院中，早期数学方面的院士都是外国人，其中著名的有L.欧拉、尼古拉·伯努利、丹尼尔·伯努利和C.哥德巴赫等。俄罗斯没有自己的数学家，没有大学，甚至没有一部像样的初等数学教科书。19世纪上半叶，俄国

彼得大帝像

才开始出现了像 H. N. 罗巴切夫斯基、布尼亚科夫斯基和奥斯特罗格拉茨基这样优秀的数学家；但是除了罗巴切夫斯基之外，他们中的大多数人都是在外国（特别是法国）接受训练的，而且他们的成果在当时还不足以引起西欧同行们的充分重视。切比雪夫就是在这种历史背景下从事他的数学创造的。他不仅是土生土长的学者，而且以他自己的卓越才能和独特的魅力吸引了一批年轻的俄国数学家，形成了一个具有鲜明风格的数学学派，从而使俄罗斯数学摆脱了落后境地而开始走向世界前列。切比雪夫是彼得堡数学学派的奠基人和当之无愧的领袖。他在概率论、解析数论和函数逼近论领域的开创性工作从根本上改变了法国、德国等传统数学大国的数学家们对俄国数学的看法。

切比雪夫终身未娶，日常生活十分简朴，他的一点积蓄全部用来买书和制造机器。每逢假日，他也乐于同侄儿女们在一起轻松一下，但是他最大的乐趣是与年轻人讨论数学问题。1894 年 11 月底，他的腿疾突然加重，随后思维也出现了障碍，但是病榻中的他仍然坚持要求研究生前来讨论问题，这个学生就是后来成为俄国在代数领域中的开拓者的格拉韦。1894 年 12 月 8 日上午 9 时，这位令人尊敬的学者在自己的书桌前溘然长逝。他既无子女，又无金钱，但是他却给人类留下了一笔不可估价的遗产——一个光荣的学派。

切比雪夫先后发表了论文 70 余篇，在他去世后，出版了他的论文集（1899—1907）、全集（1944—1951）和选集（1955）。

1944 年，苏联科学院设立了切比雪夫奖金。

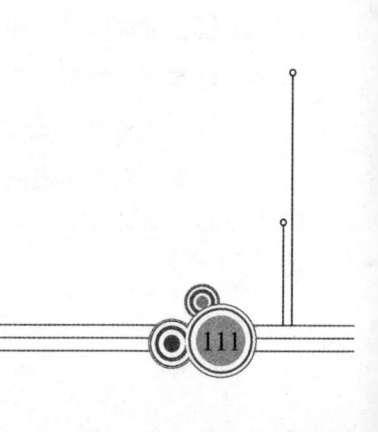

走进科学的殿堂

俄国生理学之父

伊凡·米哈伊洛维奇·谢切诺夫（1829.8.1—1905.11.2），彼得堡大学生理学派的创始人，俄国伟大的自然科学实验家，唯物主义思想的坚定捍卫者。俄国生理学之父，神经生理学的主要奠基人之一。

1829年8月1日，谢切诺夫出生在俄国西姆比尔斯克省库尔梅什县的一个贵族家庭。自幼性格活泼，天资聪明，很讨爸爸妈妈和老师的喜欢。谢切诺夫在圣彼得堡的中心工程学校接受基础教育，1848年毕业，之后在附近的一个工兵营里工作了一段时间。1850年进入莫斯科大学医学系，从此他便开始关心心理学问题，并长期从事有关方面的研究。1856年获莫斯科大学生理学位。1856年毕业后到德国继续深造，并从事科学研究

谢切诺夫

工作。当时，沙皇俄国的科学技术还比较落后，一些西方的学者、教授，常常以轻蔑和歧视的眼光看待俄国留学生，为此谢切诺夫发誓要学好本领，为祖国争光。

1866年，谢切诺夫回到俄国，任莫斯科大学生理学副教授。这一时期，谢切诺夫的研究重点是神经系统的反射作用。他先用青蛙作试验，把青蛙的一只后腿放在盛硫酸的杯子里，结果，这只腿一碰到硫酸

就很快缩了回去。这使他联想到其他一系列反射作用现象：人手受到针刺，因为疼痛而很快缩回去；眼睛受到强光照射，就会眨眼；敲击膝腱，小腿就会抬跳起来……为了搞清反射作用的生理机制，他决定用硫酸在自己身上亲自作一次试验。他叫助手拿来一杯硫酸溶液，自己把手指迅速插进溶液里。大家知道，硫酸溶液是一种强腐蚀剂，人体碰到它，会被烧伤。当谢切诺夫把手指插进硫酸溶液时，只见他咬紧牙关，屏住呼吸，以惊人的意志力，阻止把手缩回来。过了一阵，谢切诺夫感到疼痛的感觉减轻和渐渐消失了。这个勇敢的试验，向他提示了一个重要的生理学现象：通过大脑的控制，人对外界的强刺激（生理或心理的）有抑制能力。也就是说，当人的神经系统受到外界的强刺激后，可以不作出相应的反应。

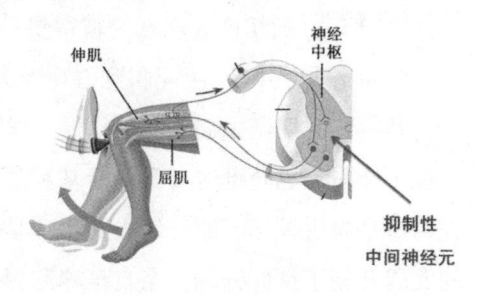

膝跳反射

1866年，谢切诺夫发表了《大脑的反射》一书。这部划时代的心理生理学著作，第一次科学地解释了人的心理现象，指出人们生活中所有的有意识和无意识的活动都是大脑反射作用的结果。他指出，没有外来的最初刺激，反射是不可能发生的。他发现了神经系统的中枢抑制和积聚的现象，论证了新陈代谢过程在引起兴奋方面的作用。谢切诺夫的学说奠定了唯物主义心理学、劳动生理学、年龄生理学、比较心理学和进化生理学的基础。他的著作对俄国自然科学和唯物主义哲学思想的发展有着巨大影响。

谢切诺夫的反射学说提出后，遭到沙皇政府的仇视，《大脑的反射》一书被列为禁书。法庭还控告谢切诺夫，说他把脑子当作器官来研究是不道德的。但是，真理是扼杀不了的，谢切诺夫以自己精确的实

走进科学的殿堂

验,雄辩地证明了:大脑和神经反射有着十分密切的关系,人的大脑是管理反射的最高司令部。谢切诺夫创立的反射学说,终于得到世界的公认。

1869年,谢切诺夫当选为彼得堡科学院通讯院士。

谢切诺夫于1876年应聘到彼得堡大学执教,在这里工作达12年之久。其后,谢切诺夫创立的彼得堡大学生理学学派,由他的得意门生尼古拉·叶夫盖尼叶维奇·韦坚斯基和阿列克赛。阿列克谢耶维奇·乌赫托姆斯基先后领导。谢切诺夫对生理学的另外一项贡献是为俄国生理学的发展开创了良好开端,亲自培养和影响了一批俄国生理学家,其中最著名的便是伟大的巴甫洛夫。

1904年,谢切诺夫被授予名誉院士的称号。

1905年11月2日,一个大雪纷飞的日子,谢切诺夫的心脏停止了跳动,全世界都为失去这位伟大的科学家而感到悲痛和惋惜。

谢切诺夫的科学工作有三个主要方面:(1)血液的生物化学研究方面。主要从事血液中CO_2的研究(1859)。关于血的气体运输和气体吸收的经典研究工作,是谢切诺夫的功绩。(2)中枢抑制。谢切诺夫于1862年发现脑能抑制脊髓的反

巴普洛夫

科学之光

射活动，脊髓也能这样抑制反射作用。这种现象被称为谢切诺夫抑制。他确证，除了抑制以外，脑还能引起和加强反射作用。他还确证，在抑制作用之后，神经中枢进入兴奋状态的能力有所增进。（3）心理生理学——心理活动的反射学说。

谢切诺夫的主要著作有：《脑的反射》（1863）、《思想的要素》（1879）、《神经系统生理学》（1866）、《人类劳动动作概论》、《论感觉兴奋对人体肌肉活动的影响问题》（1903—1904）等。

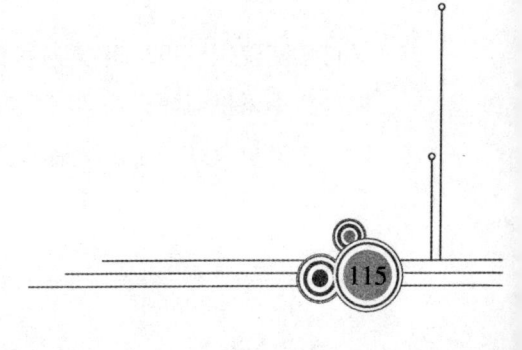

走进科学的殿堂

科学之光

为"光明"事业而奋斗

　　克里缅基·阿尔卡基耶维奇·季米里亚泽夫（1843—1920），俄国达尔文主义自然科学家、俄国植物生理学学派创始人之一，杰出的科普作家。1843年5月22日，季米里亚泽夫出身于圣彼得堡一个具有激进共和思想的贵族家庭。1860年因参与民主运动而被圣彼得堡大学开除学籍。1866年以旁听生身份取得该校学士学位和金质奖章。1868年出国深造，专攻植物生理学。1870年回国任教于彼得罗夫农林学院。1877年在该校和莫斯科大学任教授。1911年自莫斯科大学退休，4年后参加高尔基的《杂志》刊物工作。十月革命后任全国科学理事会理事及社会主义科学院院士。1923年莫斯科市为他建立铜像，并把彼得罗夫农林学院改为季米里亚泽夫农学院。

季米里亚泽夫像

　　季米里亚泽夫是俄国最早宣传达尔文学说的人之一。早在大学时代

他就出版了《达尔文及其学说》一书。他对植物生理学中的"难中之

圣彼得堡一景

难"——光合作用进行了长达50多年的实验研究，确定了植物依靠日光能量进行二氧化碳同化作用，证明了光合作用所需的光线是叶绿素最易吸收的红光部分。他重视植物生理学与农业实践的密切关系。著作有《植物的生活》等100多种。

真正的普罗米修斯

植物生理学家季米里亚泽夫在《太阳、生命和叶绿素》一书中，以诗人的激情讴歌太阳是生命的源泉，而植物是"天与地之间的媒介者，是真正的普罗米修斯"。普罗米修斯从年轻时起，他就决心把自己的一切献给追求科学真理和社会进步的光明事业。

走进科学的殿堂

1860年，季米里亚泽夫考取了圣彼得堡大学数理学院的自然科学系。当时俄国国内革命运动此起彼伏，青年学生和知识分子也常常罢课以反对沙皇专制统治。季米里亚泽夫因拒绝签写"决不参加社会非法活动"的保证书而被警察局传讯。当局极尽利诱和恐吓，都无法使他就范。最终恼羞成怒的警察局长不得不亲自授意校方把他开除，以除后患。当时他仅是大二学生。一年以后，季米里亚泽夫当上了旁听生，在德高望重的老师柏克托夫的指导下，他以顽强的毅力于1866年获得植物学专业的学士学位，论述苔藓类植物的毕业论文还得到了金质奖章。

从学生时代起，季米里亚泽夫就无限敬仰进化论的奠基者达尔文和意大利民族英雄加里波的，因为他们都是为真理而斗争的战士。他曾在报刊上写了一系列文章介绍这两个人，他是俄国最早传播和研究达尔文进化论的人之一。1865年，在他完成大学学业前一年，就已经出版了《达尔文及其学说》一书，在社会上引起极大反响，并且影响了好几代的读者。在彼得罗夫农林学院任教时，由于他积极宣传达尔文进化论，遭到了一帮顽固势力的围攻。一位号称"著名政论家"的公爵大人在报上登文声讨他，说他"拿的是国家的钱，却要驱逐上帝于自然界之外"。他在学生和学术界中的威望越高，当局对他的敌视和恐慌就越大。终于，在1893年季米里亚泽夫被逐出农林学院的大门。

达尔文

白桦林里的学府——莫斯科大学

自此季米里亚泽夫正式转入了莫斯科大学任教。实际上，从1877年起他就一直在这里兼职代课。他的讲课一向受到学生们的热烈欢迎，教室里挤满了旁听的学生。不仅是因为他讲授的植物生理学引人入胜，更因为他是学生可以信赖的良师益友，在黑暗中给他们以光和热。有一次，季米里亚泽夫因为停课支持学生纪念伟大的革命民主主义者车尔尼雪夫斯基逝世周年活动，受到校方的"通报警告处分"。为了杀一儆百，布加也夫院长亲自出马，气势汹汹地冲进正在上课的教室想当众宣读布告，突然间他发现课堂里热气腾腾，师生亲密无间，不禁让他胆战心惊。无奈之下，院长大人只好悄悄地要求季米里亚泽夫"帮个忙"，由他自己宣读处分决定。季米里亚泽夫微笑着当众高声宣读了起来。话音未落，教室里已炸开了锅。院长见势不妙，像兔子一样拔脚就溜走了。

1901年10月18日，经过顽强斗争终于使校方让步，季米里亚泽夫又回到了莫斯科大学的课堂上，学生们用鲜花、热泪、掌声和祝词欢迎他凯旋。

自称是《格列佛游记》中的怪人

"当格列佛第一次访问拉加多地方科学院的时候，他首先就一眼望见了一个形容消瘦的人：这个静坐着的瘦子，正在凝视着一条被密闭在玻璃瓶里面的黄瓜。

格列佛就向这个怪人询问在看什么。于是，他给格列佛解释说：他已经有8个年头一直在专心观察着这条黄瓜，希望能够解决一个问题：怎样去摄取太阳光线并且进一步去利用这些光线。

因为初次和各位先生相识，我应该坦白承认，站在各位先生面前的我，正是这样的一个怪人。我已经耗费了30多年的光阴，虽然没有去

走进科学的殿堂

凝视过那条被密闭在玻璃容器里面的嫩绿色的黄瓜,却也是专心地观察了一种有十分相同意义的东西,也就是观察了一张被密闭在玻璃管里面的绿叶,并且为了要解决一个怎样去储藏太阳光线的问题而绞尽了脑汁。……"

1908年4月30日,英国皇家学会召开200年来一年一度的"克伦论文"宣读大会,65岁的季米里亚泽夫应邀出席并宣读论文。对国际科学界来说,这是一种殊荣,唯有重大贡献的杰出科学家,才有幸进入邀请之列。在他宣读"植物的宇宙作用"论文之前,他借英国作家斯威夫特的《格列佛游记》里的情节形象地说明了他所从事的研究工作,于是出现了上面那段经典内容。

人类居住的地球之所以在宇宙中显得那么生机盎然,是同成千上万种植物所拥有的绿叶分不开的。绿叶,普通得不能再普通了,人们也习以为常,见多不怪。大概只有小孩子和科学家才会打破砂锅问到底:叶子为什么是绿的?植物长着它到底有什么用?这些问题似乎很愚蠢而又无聊,而实际上却是高深而重大的科学问题。为了揭开"绿叶的秘密",以及叶绿素这一"秘密中的秘密",季米里亚泽夫自己研制了许多精巧的仪器,进行了数不清的科学实验。从1867年,年方24岁的季米里亚泽夫在圣彼得堡召开的全俄自然科学家和医生第一次代表大会上,宣读了他的第一篇关于绿叶研究的论文《人工照光法及其仪器在树叶空气营养研究中的应用》之后,便一发而不可收。达·芬奇用了18年来画好一个鸡蛋,

达·芬奇画蛋

白桦林里的学府——莫斯科大学

季米里亚泽夫则花了整整半个多世纪去"看"一片绿叶！

季米里亚泽夫是第一位把能量转化和守恒定律应用于生理学研究，并把植物看成是能量转化和物质循环的重要环节的科学家。他揭示了光合反应中叶绿素的化学构成、功能和运行机制。他阐明了光的化学作用与光线热能成正比，叶绿素最易吸收红光部分，纠正了当时很多科学家认为光合作用和光的亮度成正比的错误观点。

为了进行精确的定量分析，他曾经研制了许多精密而新颖的仪器，设计了一些简易而巧妙的实验。为了测定植物在吸收二氧化碳时消耗的日光能，他发明了光能表。经他改进的微型气量表可测出针头那么大体积的气体，精度达到十万分之一立方厘米或一亿分之一克。法国化学家柏特罗教授曾指导他撰写硕士论文"叶绿素的光谱分析"，对他的每一次来访都欢欣鼓舞："您每来一次，带来的气体分析法都比上一次更精确了一千倍！"19世纪70年代末，他在英国邓恩拜访了达尔文，深受赏识。事后达尔文写信给一位英国植物学家："我想德国的实验室可以做我们的模范，但莫斯科的季米里亚泽夫曾走遍全欧洲，见过一切实验室。我看他是一个很好的青年，他能够开一张最好的清单给我们，说明什么是最必需配备的仪器。"

季米里亚泽夫研究植物的光合作用、从事科学普及工作，有着十分明确的目的，那就是"造福于人民"。正因为如此，他赞颂列宁是被压迫人民的伟大导师和朋友。十月革命胜利后，莫斯科工人选季米里亚泽夫为工人代表，给予以完全的信任。他的大量科普作品被称为"人民的课本"。他的科学研究同农业实践紧密相联。他通过举办实验农场、展览会和博物馆，向农民演示植物知识和科学种田的道理，推广新经验。许多农民参观后说："我们不再祷告上帝了，科学在帮助我们种田。"

同他热爱的植物一样，季米里亚泽夫整个生命都趋向于光明，结果他自己也成了一种光源。

走进科学的殿堂

科学怪杰郎道

列夫·达维多维奇·朗道（1908.1.22—1968.4.1），犹太血统，信奉犹太教的前苏联科学家，前苏联科学院物理所理论部主任。因凝聚态物质，特别是液氦的开创性理论，获得了1962年度的诺贝尔物理学奖。

1908年1月22日，朗道于出生在俄国里海之滨油城巴库的一个知识分子家庭里，双亲都是犹太人，父亲是一个石油工程师，在巴库油田工作。母亲曾在圣彼得堡接受过医学教育、当过教师和医生。他的姐姐索菲娅后来成为一名化学工程师。他的家庭特别崇尚科学，这是一个在沙皇俄国时期少有的充满科学氛围的家庭。朗道从小聪明过人，4岁就能阅读书籍，被誉为"神童"。

由于第一次世界大战和国内战争的影响，学校的正常教学秩序得不到保障，知识的获得在很大程度上要依靠自学。但是这对朗道来说，却恰好是一件幸运的事情。朗道上学时，在班上年龄最小、个子最矮，很少与小伙伴嬉闹。数学读物上的数字和几何图形成了他最着迷的伙伴。朗道7岁时就学完了中学

朗道

数学课程，12 岁时已经学会微分，13 岁时学会了积分，可以说"数学思维几乎成了他的本能"。

朗道 13 岁中学毕业时，他的父母认为他上大学还太小，他便遵从父亲的意愿，同他姐姐一起到经济技术学院学习财经，但是一年后，14 岁的朗道转到巴库大学学习数学、物理学和化学。

1924 年，16 岁的朗道转到列宁格勒大学物理系，在那里受教于著名物理学家约飞、福克、夫伦克耳，从他们那里第一次接触到了物理学发展的浪潮，了解到当时尚处于形成阶段的量子理论。在列宁格勒物理系学习时，朗道把全部的热情倾注于学习。他有的时候累得脑子里不停地盘旋着各种公式而无法入睡。朗道后来说，在那段时间里，他完全被那些普遍联系的不可置信的美给迷住了。他入迷地演算海森堡、薛定谔、索末菲和狄拉克的量子力学。他之所以入迷不仅仅是因为它们的科学美，更因为它们凝聚着人类的智慧和创造力。他尤其对"时空弯曲"和"测不准关系"非常热衷。

1927 年，朗道大学毕业。19 岁的他发表了波动力学中阻尼的论文，第一次应用密度矩阵描述了系统的量子状态。同年从列宁格勒大学毕业后，在列宁格勒物理技术研究所当研究生。

1929—1931 年间，人民教育委员会（教育部）的一项基金将朗道送到欧洲各物理学重

薛定谔

镇游学，他先后访问了德国、瑞士、荷兰、英国、比利时和丹麦，会见了众多的量子物理学家。1930年他同皮埃尔斯一起研究了量子力学的大量微妙问题。同年他还从事了金属理论领域中的基础工作，证明了简并性电子气具有抗磁磁化率（朗道抗磁性）。在丹麦、玻尔和哥本哈根精神给朗道留下了难忘的印象，对他后来的发展起着重要的作用，并且他与玻尔成了好朋友。

丹麦一景

从1932—1937年，朗道在乌克兰首府哈尔科夫的科学院物理技术研究院任理论物理系主任。1934年，他免于答辩获得了列宁格勒大学的理学博士学位和数学博士学位。

1937年春，朗道到莫斯科担任苏联科学院物理问题研究所的理论部负责人，并在莫斯科大学任教。同年，朗道与哈尔科夫姑娘德罗巴娜兹娃结婚，她当时是食品技术专家。

白桦林里的学府——莫斯科大学

由于当时苏联在社会主义建设初期需要大量的人才，特别是在国外的本国人才。加上当时第二次世界大战的阴云已渐渐笼罩在欧洲的上空，在卡皮查学术活动结束之后，苏联政府将他留在了国内，希望他能为自己的祖我奉献智慧。不久，苏联政府向英国购回了卡皮查在剑桥大

剑桥大学

学的实验设备，使他能够在国内继续从事低温领域的研究。剑桥的卢瑟福爱徒心切，把整个实验室的设备运送给他，苏联政府专门为他成立了"物理问题研究所"。同年，朗道应莫斯科物理问题研究所所长卡皮查之邀，到该所主持理论物理方面的工作，卡皮查把研究所理论部主任的位子给了朗道。他在那里一直工作到逝世。这时苏联大规模展开了对知识分子的残酷迫害。

朗道有个小缺点，就是言辞比较犀利，因此得罪了不少权威人士，也给自己惹了一身的麻烦。1938年冬，朗道突然被捕，以所谓"德国间谍"的罪名被判处10年徒刑。由于卡皮查的尽力营救和玻尔等人的

大力声援。一年后获释。

朗道是物理学界公认的具有天才头脑的人物。他发表的文章涉及到很多出人意料的专题，例如低温物理学、磁性的不同类型、等离子区中粒子的运动、冲击波、湍流、炸药的爆炸、频谱线的分析以及量子场理论等等。朗道对物理学的贡献几乎遍及各个领域，诸如核物理、固体物理、等离子体物理、宇宙线物理、高能物理等等。在这些领域里，有许多术语都冠以他的姓氏，像朗道阻尼、朗道能级、朗道去磁等等。然而著名的还是1940—1941年间，他在研究等离子体问题时，抓住了前人忽略了的粘性，用数学方法成功地解释了4He在温度低于2K时完全失去粘滞性并具有很大的热导率的原因。他预言在超流性的氦中，声音将以两种不同的速度传播，也就是说声波有两种类型，一种是通常的压力波；另一种是温度波即所谓的"次声"。这一预见1944年得到了实验证实。

1943—1946年间，朗道还对基本粒子物理学和核相互作用理论进行过大量工作。他研究了电子簇射的级联理论和超导体的混合态等问题。他发展了关于燃烧和爆炸的理论、质子—质子散射和高速粒子在媒质中的电离损失等问题，还提出了等离子体的振动理论。

1945年，朗道为苏维埃军队工程委员会从事远离源点的冲击波研究。次年，他发表了关于等离子体振荡的论文。对于稀有同位素氦Ⅲ，他预言其在接近绝对零度时会出现特殊的性质，一个是异常波的传播，叫做"零声"，另一个更奇怪，物质中旋转区域的自发产生使得装有氦Ⅲ的悬挂着的容器突然自转起来。

从1947年至1953年间，朗道在电动力学方面进行了一系列的研究工作，研究了氦Ⅱ的粘滞性理论、超导性的唯象理论和粒子在高速碰撞中的多重起源理论。这些成果对低温物理学和宇宙射线物理学有重要意义。

1954年，朗道研究了量子电动力学和量子场论中所用的微扰方法。

白桦林里的学府——莫斯科大学

1956 年到 1958 年间创立了费米流体的普遍理论,液氦Ⅲ和金属中的电子都与此有关。1957 年,当李政道和杨振宁对宇称守恒定律的否定得到了验证时,朗道提出了 CP 守恒定律来代替它。1959 年朗道在基本粒子理论上提出了一种方法。以确定粒子相互作用振幅的基本值。

朗道十分关心中学物理教学,为了使学生们从小在物理方面打下良好的基础,他与人合编了一套《大众物理》,以通俗易懂的、富有趣味的形式介绍物理学基本定理,这使他们对相对论、量子力学、原子和原子核结构等方面的最新成就获得了初步的比较牢固的概念。朗道一生的著作多达 120 余部,可以说涉及到当时物理学的各个领域。朗道已经出版的高等学校教科书和他关于理论物理学的专著都以论述精确和科学资料丰富为特征。

李政道

朗道称自己为"最后一个全能物理学家",这其实并不过分。也许更确切的名称应是"全能理论物理学家"。朗道对理论物理学的许多方面,在国际物理学界享有很高的声望。1962 年授予他诺贝尔物理学奖,提到的凝聚态和液氦的理论工作,只是他工作中的冰山一角。

物理学上,朗道的贡献是多方面的,也许是借用摩西十诫之名,1958 年,苏联原子能研究所为了庆贺朗道的 50 寿辰,曾经送给他一块大理石板,板上刻了朗道平生工作中的 10 项最重要的科学成果,把他

在物理学上的贡献总结为"朗道十诫":①引入了量子力学中的密度矩阵概念(1927);②金属的电子抗磁性的量子理论(1930);③二级相变理论(1936—1937);④铁磁体的磁畴结构和反铁磁性的解释(1935);⑤超导电性混合态理论(1943);⑥原子核的统计理论(1937);⑦液态氦Ⅱ超流动性的量子理论(1940—1941);⑧真空对电荷的屏蔽效应理论(1954);⑨费米液体的量子理论(1956);⑩弱相互作用的复合反演理论(1957)。

朗道一生的著作多达120余部,可以说涉及到当时物理学的各个领域。朗道已经出版的高等学校教科书和他关于理论物理学的专著都以论述精确和科学资料丰富为特征。可以说立论明确、叙述扼要、结论清楚。特别是写得深入浅出,一扫当时盛行的以科学为幌子故作高深的恶劣风气。使他对物理学产生深远影响的,还有一项更重要的原因,这就是他同他的学生栗弗席兹合著的九大卷理论物理学教程。这部成书于20世纪40、50年代的巨著,不仅培育了整整一个富有成果的苏联物理学派,也教导了全世界一代又一代的物理学生。朗道与别人合写的理论物理学教科书《量子力学》于1948年问世,同时出版了《场论》的修订本。1951年出版了他的关于统计物理学的一部完全新的著作。1953年《弹性理论》问世。朗道与别人合写的普通物理学教程于1949年问世,紧接着出版了与他人合著的原子核理论教程。这套书的另一卷《连续介质电动力学》于1957年问世。朗道对他的这些著作不断修订、精益求精,所耗费的心血和精力相当于重新撰写一部新书。他的许多著作分别在美国、日本、中国、英国、波兰、南斯拉夫翻译出版。尤其是在英国还翻译出版了他的全套理论物理学教程。

遗憾的是正当朗道步入科学的丰产期时,一场意外的车祸剥夺了他的工作能力。1962年1月7日晨,朗道去杜布纳联合原子核研究所,在途中他乘车时和载重汽车相撞,别人都安然无恙,唯有朗道因反应迟缓而多处受伤。在车祸中朗道断了11根骨头并头骨骨折。苏联最好的医生为拯救朗道的生命而竭尽全力，捷克、法国、加拿大的很多医学教授等得知消息后纷纷前来会诊。世界许多物理学家也相继寄来名贵的药材。在经历数次临床死亡判决之后，经过精心治疗，生命虽然保住了，却留下了严重的后遗症，使他已经失去了做物理学研究的能力。也许朗道的车祸让瑞典的诺贝尔委员会产生了"紧迫感"，这一年的年底，他们决定把当年的物理学奖授予朗道，表彰他在24年前提出的理论。由于朗道的健康不允许他远行，颁奖仪式专门为他破例在莫斯科举行，由瑞典驻苏联大使代表国王授奖。虽然朗道在车祸后重新担任了一些职务，但是这场事故断送了他的学术生涯，从那以后一直没有完全恢复工作能力。他的生命勉强延续了6年，于1968年4月1日，在莫斯科与世长辞，享年60岁。

朗道也许是20世纪最有个性的物理学家。作为一个物理学家他就像莫斯科物理问题研究所所长卡皮查所说："朗道在整个理论物理学领域中都做了工作，所有这些工作都可以用一个词来描述——卓越。"作为一个普通人，他是"简单化作风和民主作风.无限偏执和过分自信的奇妙混合体。"这种复杂或矛盾的性格处处体现在他的生活中。

走进科学的殿堂

糖类物质的第一次合成

阿列克萨得尔·米哈依洛维奇·布特列洛夫（1828.9.3—1886.8.5），世界闻名的俄国化学家，化学结构理论创始人之一，俄国有机化学家组成的喀山学派的领导人和学术带头人。

布特列洛夫于1828年9月3日出生在俄国喀山市省奇斯特波尔城一个地主和退伍军官的家庭中，他的父辈们曾参加过1812年抵抗拿破仑的卫国战争。父亲希望他成为一位数学家，然而他却一个劲地喜爱化学。布特列洛夫从小过着衣食无忧的生活，受到过良好的教育。

布特列洛夫

布特列洛夫的初等教育是在一所寄宿学校里完成的，1839年他进入喀山中学读书，并在中学时代就对化学产生了兴趣。有一次他在学校的宿舍里做化学实验，突然发生爆炸，险些伤着同学。这件事惹恼了校长，让他挂上大牌子游园示众，牌子上写着"伟大的化学家"几个大字。没想到这几个用以讽刺他的大字，20年后竟成为了现实。

1844年，16岁的布特列洛夫中学毕业后，以优异的成绩考入喀山大学，进一步深入学习化学。1849年大学毕业，因为成绩优良并有独立研究的能力，留在喀山大学任教。1851年，以《有机配合物的氧化反应》论文获得了喀山大学硕士学位。1854年，以论文《论香精油》获得了莫斯科大学博士学位，之后，他回到喀山大学任教。当时在喀山大学任教授的有许多著名的科学家，例如，克拉乌斯、齐宁等，这些人都是享有盛名的科学家和教育家，布特列洛夫和这些专家共同工作，受益很深。后来，克拉乌斯教授被聘到捷尔普斯克大学任教，布特列洛夫就主持和领导喀山大学的全部化学教学活动。

拿破仑

1857年布特列洛夫以喀山大学讲师身份被派往西欧各国作访问学者，会见了凯库勒、本生等著名化学家，并在霍夫曼、武慈等有机化学实验室工作。1858年他在武慈实验室合成亚甲基二醇的醋酸盐而出名，回国后于1868年被提升为喀山大学化学教授，后来曾两次被任命为喀山大学校长。

在研究中，布特列洛夫首先发现了制备二碘甲烷的新方法，并制备了许多二碘甲烷和二碘甲烷的衍生物，他在武兹实验室首次合成了六次甲基四氨（乌洛托品），首次合成了甲醛的聚合物，并且发现这些聚合物经石灰水处理会转变成糖类物质。他的研究成果，受到欧洲各国化学

家的注目和称赞，一致认为，布特列洛夫的工作是化学上开创性的工作，特别是糖类物质的合成，被认为是人类历史上的第一次。

布特列洛夫在化学上的建树很多，最大成就就是对有机化学结构理论作出了杰出贡献。1861年9月19日，布特列洛夫在德国自然科学家和医生代表大会上，作了题为《论物质的化学结构》的报告，首次提出了化学结构理论的基本思想，系统地阐明了化学结构理论的基本原理。

经过长时期的实验研究和理论研究，布特列洛夫提出的有机结构理论逐步成熟、完善和系统化；他用这一理论成功地说明了有机化学中的各种经验事实，同时，他的理论还能预言新的有机化合物的存在。他在1862—1863年写的《有机化学综合研究概述》，是第一部使用有关化学结构原理表达有机化学的著作，在推广化学结构学说方面起了重大作用。这本书在1864—1866年曾三次在喀山出版，在1867—1868年还曾两次用德文出版，现在，这本书已经成为研究有机化学史和早期有机结构理论的经典著作。

在有机结构理论的指导下，布特列洛夫还详细地研究了有机化学的聚合作用，提出了聚合反应理论，并做了大量出色的实验，为有机合成化学奠定了基础。布特列洛夫这一开创性的工作，被他的学生列别捷夫加以继承和发展，列别捷夫经过深入的研究，发现了人工合成橡胶的工业方法。1910年，他发表了关于了二烯钠聚合的研究成果，这一成果是苏联早期合成橡胶的理论基础。

布特列洛夫在化学教学和培养人才方面也有杰出的贡献。他在喀山大学任教18年，培养了一大批优秀的化学人才。他的学生遍及全俄各大学和科研单位，很多人成了著名的教授和专家。布特列洛夫在彼得堡大学担任化学教授17年，也培养出一大批著名的学者。作为一个教育家，布特列洛夫在多方面为学生树立了榜样。他治学严谨，精益求精，

白桦林里的学府——莫斯科大学

对教学工作尽心竭力,事必躬亲。他的学生和同事,每当回忆起他的教学和研究工作时,都一致称赞他是"一个无与伦比的人",这些人都以与他一起工作过或当过他的学生而自豪。

1868—1885年布特列洛夫任彼得堡大学化学教授。1874年当选为彼得堡科学院院士,他还是国内外许多学会的会员,并创立了著名的喀山化学学派。

圣彼得堡大学

布特列洛夫在科学上的成果是划时代的,作为"一个伟大的科学家"也是当之无愧的。

布特列洛夫的一生都致力于有机化学事业,对任何高官厚禄均不屑一顾。他终身从事化学研究和教育事业,诲人不倦,培养出像马尼科夫这样著名的有机化学家。可惜正值盛年的他,由于疲劳过度,于1886年8月17日突然去逝,终年仅58岁。

尽管布特列洛夫在化学上有过杰出的贡献,成了有世界影响的科学

走进科学的殿堂

家，但是在帝俄时代，他没有享受到应有的待遇，也得不到应有的尊重。他逝世以后，一些简单的纪念活动都是他的学生在私下举行的，当局对此则采取了令人气愤的冷漠态度。十月革命之后，在列宁的领导下，苏维埃政府十分重视布特列洛夫的科学成就，广泛宣传和高度评价布特列洛夫的科学贡献。1953年，苏联政府在莫斯科大学化学楼前，专门为布特列洛夫建立了纪念碑，作为对这位伟大化学家的永久性纪念，表彰他杰出的科学贡献。同时，苏联科学院在1953年，还组织编写和出版了布特列洛夫全集。布特列洛夫的伟大名字，在科学的史册永存。

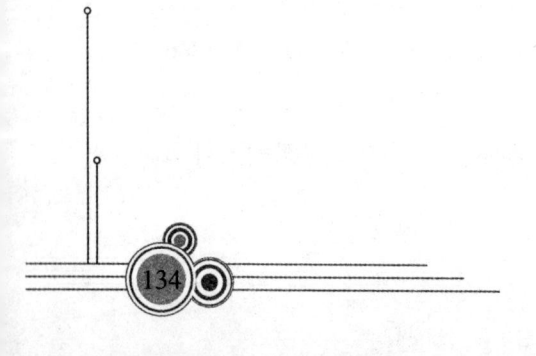

科学之光

政界精英

白桦林里的学府——莫斯科大学

前苏联第一任大总统

米哈伊尔·谢尔盖耶维奇·戈尔巴乔夫（1931.3.2— ），前苏联共产党最高领导人，苏共中央总书记，前苏联第一任总统，俄苏政治家，国务活动家，苏联的改革和"公开性"的创始人。1990年诺贝尔和平奖获得者。

戈尔巴乔夫于1931年3月11日出生在高加索的普列沃尔诺伊村一个农民家庭，其父是村集体农庄的机修工，13岁的他就开始在集体农庄工作。

早在青少年时期，戈尔巴乔夫就表现出了领袖才干。他在学校担任少先队和共青团组织的负责人，组织青少年的各种活动，参加业余文艺活动并亲自登台演出。戈尔巴乔夫回忆那个时期时讲到一件事：有一回他带领全校学生旷课，去参加引水通渠的庆祝活动。对于久旱无雨的地方来说，水是一件很不寻常的事。这也是他不惜旷课去参加庆祝活动的原因，可见他当时的政治嗅觉恐怕已经比学校的老师还要灵敏，因为老师们都没有注意到这个在当时不仅具有经济意义、而且具有政治意义的活动。

政界精英

戈尔巴乔夫

走进科学的殿堂

戈尔巴乔夫干的许多事都得到了校方的原谅,因为他是一名优等生,是一名经常参加社会活动的学生。

1949年,18岁时的戈尔巴乔夫获得了"劳动红旗手"的称号和勋章。1950年中学毕业,因学习成绩优异获得了一枚银质奖章。他的同班同学都报考斯塔夫罗波尔、克拉斯诺达尔和罗斯托夫的学校。他则认为要上就上最大的大学——莫斯科大学,他想进莫斯科大学的法律系。对于什么是法学和法制,他当时只有相当模糊的概念。但是他敬仰法官和检察官的地位。他把材料寄到法律系招生办公室,就开始等待。过了一些日子,没有任何反应。他发了一封已为回电付费的电报,这回得到了通知书:"已被录取,并提供宿舍。"就是说他已按最高档次录取,甚至面谈也免了。看来,一切都起了作用:"工人农民出身",工龄,候补党员,当然还有最高级政府奖励。于是,戈尔巴乔夫进了莫斯科大学法律系,开始他大学阶段的深造。

1952年,戈尔巴乔夫在大学里加入了前苏联共产党。1953年9月戈尔巴乔夫与在莫斯科大学认识的女孩赖莎结婚。1955年大学毕业后,他们两人一同回到戈尔巴乔夫的家乡高加索,分配在阿尔穆尔—斯塔夫罗波尔地区委员会,从事共青团和党的工作。由于他出众的才能和工作成绩,先后任斯塔尔罗波尔边疆区共青团区委宣传鼓动部长,之后,晋升为阿尔穆尔地区的党委第一书记。1962年,他调任斯塔夫罗波尔地区,任苏共斯塔夫罗波尔区域农庄—农场生产管理局边疆区党的组织员,同年12月任苏共斯塔夫罗波尔农业边疆区党机关局局长。1962年9月至1967年完成斯塔夫罗波尔农业学院的函授学习,获农业经济学的毕业证书。1966年,35岁的戈尔巴乔夫又获得了农业经济学家的学位,从此他青云直上。

1966年9月,戈尔巴乔夫任苏共斯塔夫罗波尔市委第一书记,1968年8月任苏共斯塔夫罗波尔边疆区委第二书记,1970年4月任第

政界精英

一书记。1971年起任苏共中央委员，历任苏共第22、24、25、26和27次代表大会代表和苏共第19次全国代表会议代表。1978年11月任苏共中央书记，1979年11月任苏共中央政治局候补委员，次年10月升为政治局委员。1980年，49岁的戈尔巴乔夫成为最年轻的苏共中央政治局委员，并成为主管苏联农业的书记。

由于苏共历任书记都存在年纪偏大而且没有个性的倾向，当戈尔巴乔夫在书记处时，因能力强，受过良好的教育，所以鹤立鸡群。1985年，苏共把最后的权力棒交给了戈尔巴乔夫。1985年3月11日戈尔巴乔夫当选为苏共中央总书记。同时，他是前苏联第8～11届最高苏维埃代表，还曾任俄罗斯联邦最高苏维埃代表，1985—1988年任前苏联最高苏维埃主席团委员。1988年10月1日当选为前苏联最高苏维埃主席团主席。1989年5月25日，在首届苏联人民代表大会上当选为前苏联最高苏维埃主席。1990年3月14日，在第3次（非常）人民代表大会上，戈尔巴乔夫被大会间接选举为苏联总统。他是历史上唯一一位苏联总统。

1988年，戈尔巴乔夫宣布苏联将放弃勃列日涅夫教条，允许东欧国家"民主化"。他将这个政策戏称为"辛那屈教条"。这个政策在东欧于1989年内导致了一系列大多是和平的革命。只有在罗马尼亚发生了暴力事件。这实际上结束了冷战，为此戈尔巴乔夫于1990年10月15日获诺贝尔和平奖。

戈尔巴乔夫上台后，就开始大力更换苏共高层领导。1990年党的28次代表大会后，他已经把几乎所有的政治局委员都更换了，新人中不少是他原来在共青团工作时或其他时期的同事。在这次代表大会上，为了"增加新鲜血液"，所有加盟共和国党委第一书记都进入了政治局。

1991年8月24日，戈尔巴乔夫宣布辞去苏共中央总书记的职务，

走进科学的殿堂

并建议苏共中央"自行解散"。同日,他还发布命令,停止各政党和政治运动在苏联武装力量、内务部和国家安全委员会以及其他护法机关、铁道部队、其他军事单位和国家机关中的活动。8月29日,苏联最高苏维埃非常会议通过决议,决定"暂停苏联共产党在苏联全境的活动"。在此情况下,各加盟共和国共产党或被中止,或禁止活动,或被迫自动解散,或在共产党的基础上改建新党,有的共产党甚至被宣布为非法。这样,统一的苏联共产党实际上已不复存在。

1991年12月25日晚7点,戈尔巴乔夫在克里姆林宫内一座黄色的三层建筑内正式发表他的辞职讲话,辞去苏联总统和苏联武装力量统帅职务,并把使用核武器的权力转交给俄罗斯联邦总统叶利钦。

政界精英

克里姆林宫

此后,他开始主持国际社会政治研究基金会工作。1992年6月14日,苏共中央全会作出决定,戈尔巴乔夫"因瓦解党和国家、背叛劳动

140

人民的利益"被宣布开除出党。

　　自此，戈尔巴乔夫正式成了俄罗斯普通公民。克里姆林宫第一次如此平静地井然有序地将权力从一个统治者转到另一个统治者手里，全世界也破天荒坦然地注视着这一历史性的时刻。记者们没有紧张，政要们没有火急火燎，股市平稳如常，人们的生活一如既往。只有颂扬之词比平时多了好些倍，也为平时所罕见，那是送给这个下台人物的。

　　在西方国家戈尔巴乔夫的声望非常高，因为实际上他是结束冷战最主要的人物之一，但在俄罗斯他很不受欢迎，因为许多人认为他应该对国家的没落和今天的许多困难负责。在1996年俄罗斯总统选举中他只获得了1%的选票。

　　1991年俄罗斯发生通货膨胀，戈尔巴乔夫原来很可观的退休金到1994年只值2美元。1993年，戈尔巴乔夫的助手给退休基金会写了询问信。1994年秋，俄罗斯当局通过专门决定，规定戈尔巴乔夫的退休金为国家最低退休金的40倍。1992年4月初，戈尔巴乔夫接受了法国《解放报》和国家电视一台记者的采访，他非常尖锐地批评了叶利钦。第二天，他的"吉尔"轿车就被换成不带自动电话系统的"伏尔加"轿车，直到1997年，才给他的"伏尔加"轿车安上了低一个档次的自动电话系统。他的警卫人数也逐渐减少，先是17个，接着是15个，后来减少到12个，最后只剩下3个。

　　1999年9月开始筹建俄罗斯统一社会民主党，2000年3月11日，戈尔巴乔夫当选为该党领袖。

　　2004年5月，俄社民党主席坚持要同亲政府的统一俄罗斯党达成政治协议，但戈尔巴乔夫则反对这一举措。在2004年5月22日举行的一次党内会议上，戈尔巴乔夫因与党内人士在党派发展方向上有争议而辞去了该党领导人职务。

　　苏联前总统米哈伊尔·戈尔巴乔夫于2007年10月20日当选为全

俄社会运动"社会民主联盟"主席。这个决定实际上是代表大会在只有两票反对的情况下一致通过的。

　　世人对于戈尔巴乔夫的评价呈两极分化的趋势。有人对其敬仰赞美，有人则对其口诛笔伐。在历史的迷雾尚未散尽之时，试图"盖棺定论"为时过早。对于戈尔巴乔夫和苏联解体，或许至少还要再过很多年才可能有个比较客观或比较一致的看法。

　　很多人，特别是自由主义者和亲美亲西方者，认为戈尔巴乔夫促进了苏共极权体制的和平瓦解，结束了全世界范围的冷战对峙局面，堪称伟人。从俄罗斯历史发展的宏观角度看，戈尔巴乔夫开创的是一个大的改革时代。苏联解体和戈尔巴乔夫退出历史舞台，只是带有戈尔巴乔夫印记的一个改革阶段的结束，而他之后的叶利钦以及现在的普京，并没有中断由戈尔巴乔夫所开始的改革。戈尔巴乔夫、叶利钦和普京三位统治者所进行的改革虽然在具体内容和方法上有很大的不同和差异，但是他们的改革在终极目标上是相同的，即要把俄罗斯改造成为一个现代化的民主国家（不过戈尔巴乔夫的初衷是苏联的民主社会主义化）。

　　西方人士认为戈尔巴乔夫为人坦率，有教养，有风度，彬彬有礼，谈吐轻松自如而且富有幽默感；认为戈尔巴乔夫是一位新型苏联领导人。

俄罗斯政治斗争的弃子

叶夫根尼·马克西莫维奇·普里马科夫（1929.10.29— ），俄罗斯政府总理（1998年8月—1999年5月）。

叶夫根尼·普里马科夫，1929年10月29日出生于前苏联乌克兰加盟共和国首都基辅，俄罗斯族人。从小就不打架，因为他总能把事情处理得有利于自己一方。对于自己的父亲，普里马科夫早已经记不清了。他是和母亲安娜·雅可夫列夫娜·普里马科娃两人搬来梯弗里斯，住在圣彼得堡路十号楼。母亲普里马科娃是一位妇科医生，上门看病的人常常在普里马科夫家门口排起长龙。

普里马科夫

普里马科夫上学的学校是一所男校，被称做"第十四近卫军"，能在这里学习是非常值得骄傲的一件事。普里马科夫喜欢拳击、爵士乐。

1948年9月，普里马科夫到莫斯科东方学院学习阿拉伯语专业，他的女友拉乌拉进了化学系。整个第一学年他都穿着一件草绿色"斯大林式"制服，说明他忠于列宁和斯大林，也表明他没有其他服装。1953年他从莫斯科东方学院毕业后，又在莫斯科大学攻读研究生，1956年

走进科学的殿堂

获得经济学博士学位。毕业后进入前苏联广播电视委员会，担任国家广播电台阿拉伯语编辑部记者，从此开始了他的新闻工作生涯。

基辅一景

普里马科夫工作积极勤奋，成绩突出，得到同行的一致好评，并于1959年加入了前苏联共产党。他是一位由记者和学者出身的资深阿拉伯问题专家和外交家。在前苏联时代曾长期任驻中东国家记者。

1962年至1970年，普里马科夫担任苏共党中央机关报《真理报》的评论员和副主编（负责亚非国家）。1970年至1977年，任苏联科学院世界经济和国际关系研究所副所长。1974年，普里马科夫当选为苏联科学院通讯院士，1979年成为科学院院士。1978年3月至1985年任苏联科学院东方学研究所所长。1985年7月起，在戈尔巴乔夫顾问雅科夫列夫的推荐下，普里马科夫出任苏联科学院世界经济和国际关系研究所所长。1988年，他担任了苏联科学院世界经济和国际关系部书记院士。

　　普里马科夫的学识和才能得到了时任苏共中央总书记戈尔巴乔夫的赏识，因而转入政界并很快被吸收进入到智囊团班子之中。普里马科夫的政治地位也迅速上升。1988年11月，普里马科夫被选为苏共中央国际政策委员会委员，1989年4月任中央委员，1989年6月至1990年4月被选为苏联最高苏维埃联盟院主席，在1989年9月举行的苏共中央全会上，他当选为苏共中央政治局候补委员。

　　1990年3月至12月，普里马科夫为前苏联总统委员会成员，负责外交事务。1991年"8·19事件"后，为了加强对安全部门的控制，11月戈尔巴乔夫把普里马科夫派到前苏联对外情报局任局长。

　　前苏联解体后，戈尔巴乔夫时期任用的高级官员几乎全被撤换，普里马科夫也面临危机。1991年12月，叶利钦破例来到俄罗斯对外情报局所在地，就是否留任普里马科夫听取局里领导的意见。12位局领导异口同声地说：对外情报局需要普里马科夫。叶利钦听了大家的发言后说："我周围的许多人劝我撤换普里马科夫，但是在与你们交换意见后明白了他们的看法不对，我还应该说，当我失宠和受到各种污蔑时，普里马科夫是为数不多的敢于和我握手的国务活动家之一。"说着，叶利钦拿起钢笔，签署了任命普里马科夫为对外情报局局长的命令。

　　1992年4月至1996年7月，普里马科夫还是俄联邦安全会议成员。

　　1996年初，叶利钦总统为赢得反对派和国内居民对他连任总统竞选的支持，解除了因推行向"西方一边倒"外交政策而遭到广泛反对的科济列夫的外长职务，并任命普里马科夫为外交部长。就任外交部长后，普里马科夫在国际舞台上努力维护国家民族利益和致力于重振大国地位的外交政策。在北约东扩、波黑问题、伊拉克问题、伊朗问题、中东和平进程以及科索沃危机等问题上均坚持独立于西方的政策。因此，他被西方国家一些媒体称为俄"民族主义者"。1996年7月25日，普

走进科学的殿堂

里马科夫被任命为俄联邦国防会议（1998年3月3日取消）成员，7月31日任安全会议常务委员。1998年5月21日起成为俄政府主席团成员，9月11日任俄政府总理，9月30日任俄白联盟执行委员会主席。1999年5月12日被免去总理职务，6月14日免去安全会议常务委员职务。2000年7月3日起任俄罗斯处理德涅斯特河地区问题委员会主席。还是国家杜马"祖国—全俄罗斯"党团主席。

普里马科一生夫著述颇丰，主要作品有：《阿拉伯国家和殖民主义》（1956）、《纳赛尔总统》（1959）、《国际冲突》（合著，1972）、《资本主义世界的能源危机》（1975）、《阿拉伯国家和殖民主义》、《埃及：纳赛尔总统时代》、《纳赛尔总统》等。

普里马科夫还是苏联科学院院士、苏联国家奖金获得者。1998年6月15日，叶利钦总统授予他二级"祖国功勋"勋章，以表彰他"始终不渝地在全世界捍卫俄罗斯的利益"。

政界精英

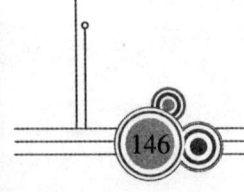

白桦林里的学府——莫斯科大学

俄罗斯的"法西斯"政客

弗拉基米尔·沃尔福维奇·日里诺夫斯基（1946.4.25— ），俄罗斯政治家、俄罗斯自由民主党创始人，国家杜马副主席。

日里诺夫斯基于1946年4月25日出生在阿拉木图的一个律师家庭，是家里的第六个孩子。其父亲沃尔夫·安德烈耶维奇·日里诺夫斯基是突厥斯坦—西伯利亚铁路局的普通法律顾问，在日里诺夫斯基出生那年死于车祸，日里诺夫斯基也就成了孤儿。母亲没有谋生手段，家里唯一一条奶牛，也由于没饲料卖了。

日里诺夫斯基童年的生活非常艰难，住的是箱子和沙发，穿别人穿过的旧衣服，而且总是吃不饱。日里诺夫斯基在一所生产技术教育中学念了11年书。这是一所培养钳工的学校，从8年级起，学生就要每周两次到阿拉木图第二汽车修理厂实习，从早8时到下午16时，几乎干一整天。上学后只有宿舍、孤灯陪伴的生活，使他性格更加孤僻，比其他同龄人早熟。同时，由于家境贫寒，日里诺夫斯基在幼儿园和学校里备受歧视，因此他对周围人总怀有一种对立情绪，经常与老师、同学发生冲突，并不时地搞恶作剧，操行评定很差。

日里诺夫斯基

走进科学的殿堂

早年的经历对日里诺夫斯基的一生产生极为重要的影响。从幼儿园到小学、中学,甚至在大学,日里诺夫斯基基本上是一个横冲直撞、独往独来、没有知心朋友的人。可以说,正是青少年时期的坎坷经历,使日里诺夫斯基从小性格孤僻,离群索居,对周围充满敌意,形成了他偏激的世界观。

日里诺夫斯基很早就关心社会问题,对政治产生了浓厚的兴趣,喜欢研究哲学、经济、对外政策、社会问题、民族问题。他在中学就读了许多有关政治和经济的书籍,广泛地涉猎社会学方面的知识,如历史、经济、哲学和法律知识。

中学毕业后,日里诺夫斯基决定到莫斯科去,上莫斯科东方语言学院。虽然遇到一些困难,但他总算通过了考试,成为莫斯科大学的一名学生。

在莫斯科东方语言学院,日里诺夫斯基依然吃得差,穿得差,但他学习刻苦,成绩一直不错。日里诺夫斯基一连好几个学期获得高额助学金并当选为班长,4~5年级又被选为团支书。1965—1967年,他还同时就读于马列主义大学国际关系。

上大学后,他不断地梳理自己的思想,并且寻找机会宣传自己的主张,以便得到更多人的认可和支持。1967年4月15日,他的政治积极性开始表露出来,给苏共中央发信,呼吁在教育、农业和工业领域进行改革。

1970年,日里诺夫斯基以优异的成绩从莫斯科东方语言学院毕业,并接到入伍通知书,分配在外高加索军区司令部,从事对外联系工作。在苏军服役两年,曾任苏军外高加索军区军官。在这一时期,日里诺夫斯基产生了关于俄罗斯扩张的最早想法,他认为:"俄罗斯的一切灾难都来自南方。因此,只要我们解不开我们南方这个死结,我们就走不出将定期重复的旷日持久的危机。"

白桦林里的学府——莫斯科大学

1972年，日里诺夫斯基退役了，他离开外高加索军区，开始在保卫和平委员会的国际联络部工作，对象是西方国家。日里诺夫斯基经常陪法国、比利时、瑞士和意大利等西方国家代表团，他接触的人极其广泛，并和国外一些人结交。

比利时风光

不久，日里诺夫斯基转到了"和平"出版社。在出版社，他开始只是普通法律顾问，后来担任出版社法律室的负责人。但在他出席的党员大会上，他对非苏共党员的不公平待遇非常反感。工作之余，他便到莫斯科大学法律系函授部学习，从这时起他便立志从政。并打算创建或加入一个新型的政党，而后依靠这个党进入议会充当议会中的反对派，最终使其成为执政党。

尔后日里诺夫斯基回到莫斯科后结了婚，开始，先住在莫斯科边缘焦普雷斯坦，后费了很大劲才把房子换到了市区。

走进科学的殿堂

　　1985年3月，戈尔巴乔夫执政后，日里诺夫斯基在"公开性"、"新思维"的影响下，积极投身政治。并经常出席各种集会与讨论会，着手筹建自由民主党，1988年亲自起草了社会民主党党纲和党章，并于1989年12月正式组建自由民主党。1990年3月31日，自民党在莫斯科召开了第一次代表大会，日里诺夫斯基当选为主席。这是苏联实行多党制后成立的第一个政党。

　　1992年4月，日里诺夫斯基在自民党第二次代表大会上被推举为该党总统候选人，并在俄第一次总统大选中，位居第三，仅次于叶利钦和雷日科夫。

　　1993年12月12日，日里诺夫斯基在俄罗斯议会选举中，凭借积累的政治经验和对俄罗斯国情、民情的深入了解，展开了一场猛烈的竞选活动。选举结果揭晓，日里诺夫斯基领导的自民党成为杜马中仅次于"俄罗斯选择"的第二大党，他本人也因此成为轰动世界的人物，当选国家杜马议员。

　　1995年3月间，美国前总统尼克松访俄，置叶利钦于不顾，执意会见了日里诺夫斯基本人，这基本上反映了西方的执政者对日里诺夫斯基的态度。

　　1995年12月杜马选举，许多人认为自民党进入议会已成问题。然而，自民党却出人意料地以获11.18%的选票再次进入杜马，成为新杜马四大政治力量之一。日里诺夫斯基再次

尼克松

政界精英

150

当选国家杜马议员，任自由民主党议会党团领导人。

1996年6月，日里诺夫斯基竞选俄总统，在第一轮即被淘汰。1997年1月26日，俄罗斯总检察院曾经以"宣传战争罪"对日历诺夫斯基提出刑事起诉。盖达尔则呼吁建立反对日里诺夫斯基的广泛反"法西斯"联盟。

1999年12月，日里诺夫斯基当选为第三届国家杜马议员，任自由民主党议员团领导人。2000年1月起任国家杜马副主席。

不论日历诺夫斯基在杜马选举和总统大选中的表现如何，他都不失为俄罗斯政坛上一个值得注意和研究的人物。

盖达尔

走进科学的殿堂

克里姆林宫的"摄政公主"

塔季扬娜·鲍利索夫娜·季亚琴科,叶利钦的小女儿,克里姆林宫的公主,俄罗斯政坛上的"摄政公主",曾任总统顾问。

从1996年以后,叶利钦身边的三个人对他的执政发挥着巨大的影响,这三人分别是塔季扬娜·季亚琴科、别列佐夫斯基和博罗金。其中影响最大也最为活跃的一个人就是叶利钦的小女儿塔季扬娜·季亚琴科。

1960年1月17日,塔季扬娜出生在俄罗斯的斯维尔德洛夫斯克市

政界精英

叶卡捷琳堡市一景

白桦林里的学府——莫斯科大学

（现改名为叶卡捷琳堡市），在家里排行老二，父亲叶利钦当时担任工程主任，母亲奈娜约瑟夫娜则是科研所的工程师。

在塔季扬娜出生不久，发生了一则有趣的故事，当时，奈娜因肺炎住进了医院，而叶利钦既要工作，又要照顾生病的妻子，没有时间和精力照顾她，就决定将她送到自己的老家别列尼基去。在火车上，最初小塔季扬娜还在睡，女乘客帮助叶利钦换尿布，可到了夜里，小塔季扬娜饿了，就声嘶力竭地大哭起来，把整个车厢的旅客都给吵醒了。有人开始帮助他寻找能喂奶的妈妈，可是跑遍了整列火车，竟一个也没找到！于是，在乘客们的建议下叶利钦把面包卷成条让塔尼娅吮，可她吮了不到5分钟，又重新哭闹起来，因为她发现她上了当。叶利钦急中生智，把手指伸给她，然后再喂一小匙开水，小塔季扬娜津津有味地吮父亲的手指头。安静了片刻，又嚎啕大哭了起来。叶利钦没有办法，只好当众敞开衬衫，让女儿含着他的乳头，塔尼娅终于平静了下来。

在家里，妈妈疼大女儿叶莲娜，爸爸则娇惯小女儿塔季扬娜。大女儿继承了母亲善持家务的秉性和父亲暴躁的脾气，而小女儿则继承了父亲的执着性格。

塔季扬娜上学后，叶利钦每天晚上都要查看成绩册，只要上面有4分或者3分，就会生气地把它扔到地上。塔季扬娜过一会儿就会悄悄地坐到父亲身边，把头靠在他肩膀上……

塔季扬娜在斯维尔得罗夫斯克第九中学上学，尽管学习十分用功，但是成绩并不出类拔萃。可她却表现出了领导才能，曾经当过少先队大队主席，就连男孩子都听她指挥。

塔季扬娜和所有的同学一样，曾到过别洛雅尔区除草和种大白菜，参加少年宫的课外活动小组，随全校同学一起经常外出游览参观。上高年级的时候，她经常在家里举行文艺茶话会。

1977年中学毕业的时候，塔季扬娜没能拿到奖章，因为俄语言和

政界精英

文学两门功课她只得了4分。

1977年夏天,塔季扬娜不顾母亲的竭力挽留,只身搭乘飞机来到首都,进了莫斯科大学当时很有威望的计算数学和控制论系学习。当上大学生以后,她在父亲的大学同班同学西辛娜家住了一年,后来才搬进大学的集体宿舍。学习成绩一般,常下农庄去帮助收获土豆。正是在这一时期,塔季扬娜锻炼了自己的交际和组织能力,到毕业的时候,她已经成为一个十分干练的"小社会活动家"。

在莫斯科大学,塔季扬娜和来自乌法的威廉·海鲁林相识,并堕入爱河。1980年4月1日,自幼性格倔强的塔季扬娜没和父母商量就偷偷地结了婚。第二年生下一个儿子,为了表示对外祖父的尊敬,起名鲍利斯,当时塔季扬娜正在上大学四年级。(在俄罗斯,大学生允许结婚和生育)。塔季扬娜的婚姻生活并不顺利,她和威廉的婚姻以失败而告终。

1983年,塔季扬娜从莫斯科大学毕业,被分配到一个保密单位——"礼炮"航天设计局工作,每月工资130卢布。

在"礼炮"航天设计局,塔季扬娜被委以重任,并努力工作,虽然她的父亲叶利钦已升任莫斯科市市委第一书记,但她从来不藉此搞特殊化。在这里,她还找到了她的第二次爱情,她与设计局总设计师的儿子季亚琴科·阿列克谢结婚。塔季扬娜在这次婚姻中得到了家庭的幸福。1995年夏天,塔季扬娜第二次休产假,8月30日生下第二个儿子格列布。

1996年7月,叶利钦竞选连任,欲再度入住克里姆林宫。竞选前数月,叶的竞选顾问团悄悄地将其夫人及两名女儿推向前台,期望为叶利钦的形象加添温馨色彩。生性活跃、不甘寂寞的小女塔季扬娜,没有令各人失望,她很快成了一名"额外顾问",开始协助父亲展开了紧张的竞选活动,并逐步成为"克里姆林宫的摄政公主"。

塔季扬娜成了叶利钦竞选司令部举足轻重的人物。她作为竞选班子中唯一的女性，以其敏锐的观察力、沉着冷静的风度和平易的形象博得共事者和诸多高级官员的一致好评。在竞选期间，她作为称职的形象设计师，跟随父亲到俄罗斯的工厂、农村和矿山发表竞选演说，开展拉票活动。在叶利钦竞选班子里工作时，她听得多，说得少。塔季扬娜十分精明，她知道，叶利钦的亲信们之所以捧她出来，是因为他们需要一个向总统耳边吹风的人。

1996年10月，根据一项对新闻传媒的总编辑、政治观察家以及一些政治学者的调查，她在"俄罗斯100位最有影响的政治家"中排名19，比自由民主党领导人日里诺夫斯基和东正教大牧首阿列克谢二世还靠前。在她被任命为总统顾问后的1997年8月，她的这一排名上升到第7位。

塔季扬娜参考西方的竞选模式，一手安排叶利钦上电视的化妆和就职典礼。她用自己的双手把疾病缠身、衰老不堪的父亲变成精神饱满、神采奕奕的总统。

叶利钦竞选成功后，她并没有随之退出政坛，而是作为叶利钦一名助手的身份频频亮相。

也就是从那时起，在叶利钦的周围开始形成一个对总统工作影响无可替代的班子，这个班子的主要人物就是塔季扬娜。这个小圈子被称为"总统家族"，也称"小政治局"。据俄罗斯媒体报道，近年来俄罗斯政坛高层几次重大的人事变动都和这个班子有关。由于塔季扬娜在其中起核心的作用，这个"小政治局"也被称为"公主党"。

1997年5月30日，俄罗斯总统新闻秘书亚斯特任布斯基在记者招待会上宣布，总统已经签署命令，正式任命塔季扬娜为总统顾问，负责总统的形象设计。

涅姆佐夫在1999年出版的一本新书中说："塔季扬娜是穿裙子的叶利钦。"他谈到，叶利钦让塔季扬娜执掌克里姆林宫大权，对她言听计

走进科学的殿堂

从，而塔季扬娜却经常不和父亲商量就在许多国家大事上自作主张。

塔季扬娜已成了总统身边不可或缺的人物，实际作用已远远超越了顾问，成为叶利钦的耳目及头脑。

2000年1月3日，出任代总统不到3天的普京签署了一项法令，免除了塔季扬娜的"总统顾问"职务。

普京

政界精英

白桦林里的学府——莫斯科大学

俄罗斯经济改革之父

叶戈尔·铁木罗维奇·盖达尔（1956.3.19—2009.12.16），俄罗斯前总理，经济学家、激进派改革代表人物，俄罗斯政坛"休克疗法"的推行者。

1956年3月19日，盖达尔出生于莫斯科市，祖父是前苏联著名作家，父亲铁木尔·盖达尔是海军少将，也是俄罗斯的著名儿童文学作家。祖父和父亲都是社会主义的坚定支持者和拥护者，但是阴差阳错，盖达尔却成为俄罗斯走向资本主义的"开路先锋"，获得了"俄罗斯经济改革之父"的称号。

少年时代的叶戈尔·盖达尔是一个非常机灵的孩子，被人们誉为"神童"，7岁开始替父亲管帐，从来没有出过一笔差错。中学毕业后，盖达尔考入了莫斯科大学经济管理系，是当时赫赫有名的高才生，以后又读了副博士、博士，取得经济学博士学位。盖达尔是苏

盖达尔

政界精英

走进科学的殿堂

联著名经济学家、苏联社会科学院院士沙塔林的学生,彼得拉科夫和阿甘别吉扬也曾经对盖达尔耳提面命。盖达尔后来的经济改革思想深受他们的影响。

苏联解体前,盖达尔先后在《共产党员》杂志、《真理报》编辑部担任经济编辑的工作,后来到苏联社会科学院工作,1990年担任国民经济科学院经济政策研究所的所长。盖达尔通晓英语、西班牙语和塞尔维亚语,素来以能言善变著称。每次有人和他讨论经济问题的时候,他都旁征博引,滔滔不绝,令在场的人叹为观止。

1991年俄罗斯独立,盖达尔提出的关于振兴俄罗斯经济的构想深得叶利钦的赏识,因此成为叶利钦经济改革纲领的起草者。在叶利钦的一手提拔下,1991年10月,当时年仅35岁的盖达尔便被任命为俄罗斯副总理兼财政部长,1992年3月又升为第一副总理(实际上主持政府总理工作),紧接着于6月成为俄罗斯代总理。

身为经济学博士,盖达尔只是在谈起经济问题时,理论依据很充分的,理论联系实际的工夫稍微逊色一些。而且也许是受祖父的影响,盖达尔只知道发挥自己丰富的想象力和满腹经纶,而没有"对症下药"。在全面负责俄罗斯经济改革期间,盖达尔全面放开物价、紧缩银根、大规模实行私有化,这是当时号称的"休克疗法"。这一激进的改革措施不仅没有妙手回春,反而导致了俄罗斯通货膨胀,生产大幅度滑坡,失业人数急剧增加。据测算,1992年,俄罗斯的生产下降20%以上,物价上涨100%以上,人们的平均收入只增加了40%~50%。盖达尔本人遭到社会各界的强烈批评。

盖达尔出任代总理后,继续推行激进改革。但是他不仅未能实现预期目的,反而使经济形势进一步恶化,导致国内生产总值下降20%,财政赤字高达1万亿旧卢布,通货膨胀率突破2000%,人民生活水平急剧下降,倒退到20世纪70年代水平。

政界精英

1992年12月，叶利钦虽然提名盖达尔任政府总理，但在议会的大举攻击下，盖达尔被赶出了政府大厦。12月14日，人代会对几个总理候选人进行表决，盖达尔只得了400票，而54岁的副总理切尔诺梅尔金则得了721票。叶利钦被迫选择了后者。盖达尔虽然洒泪告别政府大厦，但是他的老部下多数都留任在新政府中，形成了一个"没有盖达尔的盖达尔内阁"，他对政府的决策仍然保持着一定的影响。

辞去总理职务后，盖达尔成立了一个研究基金组织，对俄罗斯的经济发展和社会变革方向继续进行研究，并向叶利钦以及后来的政府提出自己的政策。1993年9月，盖达尔再次被任命为第一副总理兼经济部长，但是毕竟已经人心尽失，难以开展工作，不得不在1994年1月再次辞职，归隐山林之中。

盖达尔的主要著作有：《经济改革：原因、方向和问题》、《经济改革与等级制度结构》等。

走进科学的殿堂

俄罗斯金融政治寡头

政界精英

鲍里斯·别列佐夫斯基（1946.1.23— ）数学家，金融家，媒体大亨，政坛鬼才，俄罗斯金融政治寡头，是一个颇具传奇色彩的人物。

鲍里斯·别列佐夫斯基，1946年1月23日出生于莫斯科，按前苏联的标准，他是在非常舒服的环境中长大的。他的父亲是一家化工厂的总工程师，母亲是一家科学院的研究员。别列佐夫斯基从小是位好学生，16岁时就考入莫斯科大学。在学校里，他从事电气和计算机研究。"他是一位杰出的组织者、解决问题的能手，"他昔日的同窗好友亚历山大·曼德尔回忆说他"总是将笔记本记得满满的，头脑十分发达"。

1967年，别列佐夫斯基完成了数学方面的研究生学习。他的论文《多变量和不完整信息条件下的决策理论》——正是苏联解体后，他经商的核心理论。

别列佐夫斯基于30岁之前获得了技术科学博士学位。作为一名出色的数学家，别列佐夫斯基于1991年被苏联科学院聘为院士，时年45岁。

在戈尔巴乔夫"新思维"的影响下，别列佐夫斯基于20世纪80年代末

别列佐夫斯基

放下手中的课题，勇敢地"下海"了。依靠手中的社会关系网，他的私人资产犹如滚雪球般迅速膨胀起来。

1989年，别列佐夫斯基创办了伏尔加汽车经销公司，成为俄罗斯最大的汽车经销商之一。他利用各种手段发了大财，后又创立了联合银行。

1993年，他获得了第一个让叶利钦留下深刻印象的机会。别列佐夫斯基与克里姆林宫的一位年轻作家瓦伦汀·尤马什夫交上了朋友，而尤马什夫曾被叶利钦认作干儿子。当时，尤马什夫想让叶利钦的第二本书《总统笔记》尽快出版，但在出版经费方面遇到了困难，于是就请别列佐夫斯基帮忙。凭着多年搞科研养成的直觉，别列佐夫斯基意识到做官的机会来了。别列佐夫斯基通过自己的关系，在芬兰很快便将此书

芬兰一景

出版，印刷质量极其精美。对此，尤马什夫和叶利钦都印象极深。根据

走进科学的殿堂

叶利钦的前助手亚历山大·科扎科夫的回忆，当时，尤马什夫尽"一切可能"介绍别列佐夫斯基与克里姆林宫的精英们接触。1994年，别列佐夫斯基与叶利钦的女儿季亚琴科交上朋友后，别列佐夫斯基便一发不可收拾。到1995年，别列佐夫斯基已有效地成为第一家庭的金融顾问。他帮助叶利钦家人安排购买了法国昂蒂布角风景区的一幢别墅，别列佐夫斯基本人在那里也有一套宽敞的住宅。

政界精英

昂蒂布角风景区

1995年12月，别列佐夫斯基联合其他财团买下了俄罗斯最大的石油公司之一——西伯利亚石油公司51%的股份，从而控制了该公司。在这前后又控制了俄罗斯民航。别列佐夫斯基的汽车经销公司和联合银行拥有俄罗斯公共电视台16%的股份，成为该电视台最大的私人股东。此外，别列佐夫斯基单独地或联合其他财团控制了一系列重要的新闻媒体。据报刊透露，别列佐夫斯基拥有约30亿美元的个人资产，他本人认为这个估计"接近实际情况"。1997年在美国权威杂志《福布斯》对全球富豪的排名中，别列佐夫斯基的个人资产名列全球第97位。

1996年，帮助叶利钦竞选总统胜利后，别列佐夫斯基被任命为俄罗斯国家安全会议副秘书，从政时间为1996年10月至1997年10月。1998年4月又被任命为独联体执行秘书。

别列佐夫斯基凭借着强大的经济实力和手中的舆论工具，逐步成为叶利钦"家族"的重要成员，开始在幕后操纵俄罗斯政局。受1998年经济危机的影响，叶利钦先后4次更换政府总理的"政坛风波"，其起因大都与别列佐夫斯基的幕后策划有关。俄罗斯前任副总理盖达尔曾说："在最厉害的时候，俄罗斯政府被7至10个商人所左右，他们甚至可以随心所欲地撤换总理。"

别列佐夫斯基的为所欲为，引起各政党和社会舆论的强烈不满。普里马科夫在就任政府总理期间，曾向别列佐夫斯基发出了逮捕令。但叶利钦总统对此则不以为然，逮捕令最后不得不被收回。最后垮台的不是寡头，而是普里马科夫本人。

在1999年8月的俄罗斯政府更替之中，别列佐夫斯基鬼使神差般地向叶利钦力荐普京出任政府总理。于是，普京被任命为俄联邦政府总理。为此，别列佐夫斯基逢人便说："沃洛佳（普京小名）还是我举荐给叶利钦的呢！"

1999年12月，别列佐夫斯基被推举为国家杜马代表，成

普 京

走进科学的殿堂

为杜马中能呼风唤雨的重要议员。

普京在1999年12月31日就任俄罗斯代总统之后，就以打击寡头经济，整治市场秩序为己任，大力推行政权改革。2000年7月19日，别列佐夫斯基在国家杜马大会上，以不同意普京推行改革政权结构和打击寡头政策为由，当场辞去杜马议员职务，扬言要创办反对党。以古辛斯基和别列佐夫斯基为首的寡头们，操纵各自的舆论工具对政府政策大肆攻击。普京十分气愤地说，"寡头们在俄罗斯私有化过程中钻法律的空子，以极低的价格夺取了许多媒体的控制权，而在巧取豪夺之后，他们又开始操纵社会舆论，他们的目的就是要制造社会混乱，搞乱民心，以此来向政府示威。"

2000年10月19日，俄罗斯各家媒体纷纷报道了一条颇具轰动的消息："俄罗斯总检察院经过缜密侦查，决定正式在全国范围内通缉别列佐夫斯基。总检察院对别列佐夫斯基提出的三项指控是：洗钱、藏匿外汇收入、怂恿金融诈骗。"与此同时，俄罗斯联邦司法部门还查封了别列佐夫斯基的国家别墅和挂着政府牌子的汽车，使他成为"在莫斯科无家可归的人"。

已逃亡国外的别列佐夫斯基以人身安全没有保障为由，拒绝回国接受俄总检察院的传讯。尽管别列佐夫斯基和古辛斯基一样藐视俄罗斯总检察院的传讯，拒不回国接受司法调查，但俄罗斯总检察院并没有对别列佐夫斯基发出全球通缉令。一位知情人告诉记者说，"原因在于，当时深挖到底的话，必然要牵扯到叶家的人。"

2003年3月26日，别列佐夫斯基在伦敦被英国警方逮捕。俄罗斯总检察院曾多次要求将之引渡回国，但别列佐夫斯基居然说服了英国政府，同意其政治避难的要求。别列佐夫斯基被无罪释放，从此漂泊海外。

别列佐夫斯基逃亡英国之后，TV-6电视台被关闭，不仅完全肃清

政界精英

164

白桦林里的学府——莫斯科大学

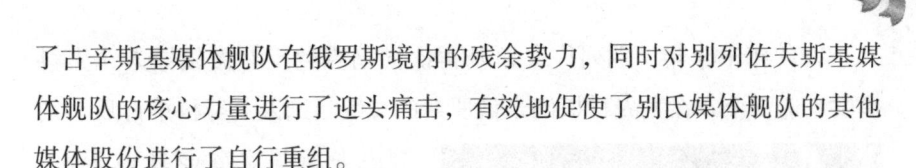

了古辛斯基媒体舰队在俄罗斯境内的残余势力，同时对别列佐夫斯基媒体舰队的核心力量进行了迎头痛击，有效地促使了别氏媒体舰队的其他媒体股份进行了自行重组。

虽然流亡海外，别列佐夫斯基仍然不忘参政。2003年12月21日，别列佐夫斯基在英国伦敦向当地媒体宣布，他愿拿出10亿美元的个人积蓄，希望在俄罗斯成立或资助一个政治反对派别，与现任总统普京对抗。在别列佐夫斯基授意和资助下，俄罗斯前国家杜马主席雷布金被推举成为2004年总统大选6位候选人之一。

伦敦一景

在独联体国家格鲁吉亚上演"天鹅绒革命"的前夕，别列佐夫斯基不惜巨资来资助萨卡什维利等，以图更换格鲁吉亚的政权。萨卡什维利上台后，别列佐夫斯基于2004年12月3日，迫不及待地秘密访问了刚刚经历政局动荡的格鲁吉亚。

政界精英

165

走进科学的殿堂

2004年下半年，别列佐夫斯基再次向乌克兰反对派领导人尤先科提供竞选资金。在尤先科扳倒亲俄罗斯的总统当选人亚努科维奇后，别列佐夫斯基欢欣鼓舞地表示："下一个就是俄罗斯。"

在与别列佐夫斯基的交战中，普京政府始终通过法律体系来对他们进行审判，并没有采取任何直接打击的行动。但是，普京始终传达给检察官们一种信心：继续秉公审理贪污腐败和盗窃国家财产的案子，你们不会受到任何政治上的干预。普京的态度很明确：法治，而不是政治。

尤先科

政界精英

华人风采

白桦林里的学府——莫斯科大学

中国人口控制论的先行者

宋健（1931.12.29— ），原国务委员、全国政协副主席、国家科委主任，我国最早人口控制记的提出者。

宋健1931年12月29日出生于山东荣成，父亲名叫宋增金，是山东省荣成县宋家村的木匠。在兵荒马乱中，家境贫寒的宋健读完了初小，12岁进入八路军办的"文（登）荣（成）威（海）联合中学"。

1945年，德国法西斯战败，我国抗日战争进入最后阶段，八路军需要知识分子，鼓励知识分子从军。这时，联中被解散，宋健初中一年级都没念完就被分配到八路军东海军分区当了一名小八路。

1946年春天，14岁的小八路宋健，给威海市市长兼卫戍区司令员于洲当勤务员，常常看书着迷。于洲非常喜欢爱读书的宋健，并在教育上给了他很多的帮助。1947年6月，宋健加入中国共产党。

1948年秋天，人民解放军以排山倒海之势接连攻占大城市。为了给接管大城市培训干部，华东工矿部在刚刚解放的山东省博山市，成立了华东工矿部工业干部学校。宋健有幸被分配到这所学校学习。

1951年3月2日，宋健离开山东去了哈尔滨工业大学学习。1952年，宋健以优秀的成绩读完大学一年级，并顺利通过了留苏考试。

1953年，宋健进入苏联莫斯科包曼高等工学院学习，1958年获莫斯科包曼工学院工程师学位，1960年获副博士学位，后又获科学博士学位，同年在莫斯科大学力学数学系毕业。

走进科学的殿堂

哈尔滨工业大学

华人风采

1960年至1965年任国防部第五研究院二分院研究室副主任、主任，中国科学院数学研究所控制论研究室副主任。1965年至1966年任七机部二十六所副所长、党委副书记。

1960年前后，宋健对最优控制系统理论做出了一系列重要研究成果，后又从事分布参数控制理论的研究，建立了由偏微分方程描述的受控对象与常微分方程描述的控制器模型，解决了这类系统的稳定性、点观测、点控制的理论问题。

1966年至1968年在"文化大革命"中受到冲击。1968年至1970年在甘肃酒泉国防科委二十基地工作。1970年至1978

钱学森

170

年任七机部二院生产组副组长。1978 年至 1981 年任七机部二院副院长。在 20 世纪 70 年代修订和扩充了钱学森《工程控制论》一书，进一步发展了控制理论。

1980 年，宋健建立了"人口控制论"这门自然科学和社会科学相结合的新学科，对研究我国和发展中国家的人口控制问题具有重大现实意义。他在几个型号导弹控制系统设计和主持反弹道导弹的方案设计及组织领导通信卫星的发射和定点过程中作出了重要贡献。

宋健和田雪原等人正是中国 1980 年开始的计划生育政策"总设计师"。他们所谓的"现代科学"就是设计数学模型，算中国有多少耕地资源、多少别的资源，这些资源能养活多少人，由此决定中国的"最适人口"是几个亿（7 亿、5 亿、3 亿的说法都有），为此中国必须实行生育率管制减少多少人口以达到这个"最适人口"。

1981 年至 1984 年任北京信息控制研究所研究员、所长、七机部总工程师、七机部副部长、航天工业部副部长、党组成员。1985 年当选墨西哥工程科学院通讯院士。1984 年至 1986 年任国家科委主任、党组书记。1986 年至 1993 年任国务委员兼国家科委主任、党组书记。

1985 年发起了"星火计划"，1988 年主持制定了"火炬计划"。领导和主持了中国反弹道导弹武器系统的研制，在工程控制论和人口控制论方面有杰出贡献。曾获国家自然科学奖二等奖、1987 年国家科技

爱因斯坦

走进科学的殿堂

进步奖一等奖、国际数学建模学会最高奖——艾伯特·爱因斯坦奖,何梁何利基金1998年度科学与技术成就奖。

1992年1月当选为中国科学院院士,1994年4月,被聘为俄罗斯科学院外籍院士。1994年6月,当选为中国工程院院士、主席团成员。1994年11月,当选为瑞典皇家工程科学院院士。

1998年3月当选为第九届全国政协副主席。1998年6月当选为中国工程院院长。2000年2月,当选为美国国家工程院外籍院士。还是欧亚科学院院士。

自20世纪50年代担任行政工作起,宋健先后发表了科学论文160余篇,科技著作10余种。著有《工程控制论》(与钱学森合著)、《人口控制论》(与于景元合著)、《控制论的最新进展及其应用》、《人口控制方略》、《科学与社会系统论》、《中国人口控制:理论应用》(英文)等,主编有《现代科学技术基础知识》。

华人风采

白桦林里的学府——莫斯科大学

莫斯科大学分校的中国校长

赵毅敏（1904.1.5—2002.7.25），原中纪委副书记、原中共满州省委宣传部部长、原中央顾问委员会委员、《九·一八抗日宣言》起草人。

赵毅敏1904年1月5日出生于河南省滑县的一个书香人家。他兄妹四人，弟弟刘火翟、小妹刘涑是抗日游击队员，在1938年日本侵略军的太行山根据地扫荡中，为抢救群众壮烈牺牲。

赵毅敏的童年，是在滑县城南一个偏僻的农村小镇牛市屯度过的。他的父亲，末代举人刘绍宣，先在县城任小学校长，后到开封新成立的中学做事。

1909年至1917年，赵毅敏先在本村读私塾，以后又到县城读书。赵毅敏结束他的童年生活后，准备报考河南大学前身河南省留学欧美预备学校。辛亥革命后，特别是1915年《新青年》创刊后，新思潮在中国迅速传播。留学欧美，学习欧美等国家先进的文化和科学技术，成为青年学子追求的目标。赵毅敏考上河南省留学欧美预备学校后，在他的眼前打开了一个崭新的世界。

1917年秋天，15岁的赵毅敏第一次出门，到省城开封去投考他所

赵毅敏

华人风采

向往的留学欧美预备学校，并以第 15 名的成绩考上这所学校。

河南大学一景

  1917 到 1922 年，在河南留学欧美预备学校读书 5 年，受到良好的教育，这是他正式走上了革命道路的起点。

  1922 年，赵毅敏转学到河北大学继续深造。在河北大学学习时，在别人的帮助下，他于 1924 年赴法国勤工俭学。不料，从此以后他与家人之间竟开始了天各一方的久别。父亲再也没能够看到儿子。母亲和发妻则直到 1949 年才和赵毅敏有过短暂的重逢。

  1925 年，上海发生"五卅"惨案。赵毅敏参加了在法国留学的学生举行的声援上海罢工工人游行。但赵毅敏被警察抓走并投入到巴黎儿童监狱。在法国工人的保释下出狱，出狱后，被驱逐出境进入战败国德国，同年赵毅敏参加了中国共产主义青年团，一年后转为中国共产党党员。

  在从德国回国的途中，火车经华沙到了苏联。火车抵达白俄罗斯明斯克，同行的两个年纪较大的同志直接回国，而赵毅敏被介绍到莫斯科东方大学学习。从 1925 年 11 月到 1928 年 11 月，他在莫斯科东方大学度过了为期三年的紧张学习生活。

东方大学毕业后，赵毅敏回国，在哈尔滨和绥芬河等地，在隐蔽战线从事艰苦而危险的工作。

1930年5月，赵毅敏调任满洲省委宣传部长，兼任奉天（沈阳）市委书记。

1931年9月18日晚上10点20分，6名日本士兵在距离沈阳北大营700米的柳条湖将南满铁路炸毁，引发了震惊中外的"九·一八事变"。由于蒋介石电令军队不准抵抗，日本侵略军没有遇到丝毫抵抗，长驱直入。9月19日，中共满州省委发出了由赵毅敏起草的《九·一八抗日宣言》，反对日本帝国主义对中国东北的武装占领。当天，宣言油印后秘密散发，在苦难的奉天人民心头，燃起了一盏希望的明灯。"九·一八"事变后，奉天的斗争更为严峻，日本宪兵公开在大街上盘查搜捕行人。同年11月22日，赵毅敏在奉天被捕。

蒋介石

1934年7月出狱后，赵毅敏改任中共满洲省委组织部长、抗日联军第三军政委，奔波于已经沦陷多年的东北大地。1935年初冬，他奉命到莫斯科参加共产国际第七次世界大会，会后作为中国共产党的常驻代表留在共产国际工作，并担任莫斯科大学东方分校校长，为中国培养了一批更年轻的革命者。

1938年10月，毛泽东、周恩来、林伯渠、徐特立、成仿吾、艾思奇、周扬发起成立鲁迅艺术学院。1938年冬，赵毅敏由莫斯科返回延安。赵毅敏遵从毛泽东的指示，出任鲁迅艺术学院副院长。在主持鲁艺

走进科学的殿堂

日常工作中，赵毅敏特别注意做好知识分子工作。他支持、帮助著名音乐家冼星海入党，是当时流传于鲁艺的一段佳话。

林伯渠

徐特立

成仿吾

艾思奇

白桦林里的学府——莫斯科大学

1939年11月底,赵毅敏调离鲁艺。在此之后,他担任中央党报委员会秘书长、《解放日报》秘书长、延安大学副校长、冀热辽联合大学校长等。1943年以后,秧歌运动在延安形成了热潮。1944年,赵毅敏带领杨家岭组织的秧歌队,跑到安塞扭秧歌,受到毛泽东主席的重视和好评。

抗日战争胜利后,中央做出战略决定:派大批干部到东北去,建立新的革命根据地。赵毅敏奉命第一批出发并被留到了古北口。接送赴东北干部工作结束后,赵毅敏在冀察热辽中央分局宣传部长的职位上工作至全国解放。1949年他进入北京,出任中共北京市委宣传部长。以后又到中共中央中南局任职;1954年由武汉调京后,主要精力用于国际活动,在中共中央国际活动指导委员会副书记的岗位上贡献力量。

1954年夏,中南局撤销,赵毅敏调任文化部部长、中共中央国际活动指导委员会副书记,中共中央对外联络部副部长兼国务院外事办公室副主任等职。被选为第二届全国政协委员,第三届全国人大常务委员,中共第八届候补中央委员。在每个岗位上,他都表现出了一个共产主义者的坦荡胸怀和忠诚。赵毅敏解放后参加国际活动的时间最长。分别协助王稼祥、陈毅工作,有时还直接向周恩来汇报工作。他的主要职责是负责中国共产党与资本主义国家共产党的友好交往。1956年底,苏共中央第一书记赫鲁晓夫致函中共中央主席毛泽东,提出由苏共牵头,以一批国家共产党和工人党的名义出版一份理论杂志《在和平和社会主义旗帜下》。中共中央领导人虽然认为当时国际共运已显示出尖锐分歧,办一份刊物不仅不可能起到推动各国革命运动的作用,还有可能成为苏共从理论上控制兄弟党的工具,但是,为尽可能维护国际共运团结的大局,中共只好表示同意创办这个刊物。1957年,世界十几个社会主义国家成立《在和平和社会主义旗帜下》杂志编辑委员会,委员由各国派任。苏方提出要中方派人担任副主编,赵毅敏向中央建议,鉴于当前国际共运的复杂情况,以担任编委为宜。中央采纳了这个建议,

华人风采

177

遂向苏共作了通报。毛泽东亲自指定赵毅敏为中国委员，常驻编委会。1958年3月7日至8日，杂志创刊会议在捷克斯洛伐克首都布拉格召开，19个国家的共产党和工人党派代表参加了会议。赵毅敏随中联部部长王稼祥参加了会议。

1962年，先后有5个国家召开共产党代表大会，中共中央派中联部两个副部长伍修权、赵毅敏分别出席会议。意大利共产党召开党代会时，只邀请中共派一人出席会议。中共中央派赵毅敏出席了意大利共产党代表大会。会上，对于一些人煽起的反华合唱，赵毅敏孤身一人，据理抗争，捍卫了中国共产党的尊严和荣誉。

事后，毛泽东赞扬赵毅敏、伍修权是："赵再见"独战罗马国，"伍泰然"五闯恶狗村。此后毛泽东还写下了"独有英雄驱虎豹，更无豪杰怕熊罴"的著名诗句。

1967年，赵毅敏受到文化大革命的残酷迫害，被以莫须有的罪名投入监狱，直至"四人帮"垮台才重新出来工作。

后来到国务院外事办公室任副主任，后任中纪委副书记。赵毅敏跟随周恩来总理近半个世纪，在共产国际中独当一面，在我国外交史上留下了英名。

白桦林里的学府——莫斯科大学

偏微分方程专家

周毓麟（1923.2.12— ），中国科学院院士、偏微分方程计算数学家。

1923年2月，周毓麟出生在一个职员家庭里。他父亲周世铭是钱庄职员，母亲王梅荣是知书识字的家庭妇女，他从小受到父母亲很深的影响。母亲操持家务，养育子女，吃苦耐劳，勤俭朴实，经常教育小毓麟为人要正直诚实，要严于律己，宽于待人。母亲的言教和躬行铭刻在他的心上，成为他一生的做人之道。他父亲在钱庄终日与算盘、数字打交道，闲暇时与家人在一起，总爱出一些有趣的算术题考考儿女们。有一次父亲出了一道两个个位数相加的题，让才两岁多的小毓麟回答，因为得数要进位，小毓麟把一双小手的指头掰了又掰，总觉得十个指头不够用，着急地叫起来："谁借我几个指头？"引得一阵哄堂大笑。就是在这种寓教于乐的气氛中，小毓麟开始与数学打交道，从小对数学产生了浓厚的兴趣。

在小学，他迷上了鸡兔同笼之类的算术难题，到中学他又迷上了平面几何。越是难证明的几何难题越让他着迷，常常为寻求多种证法而冥思苦索，每当找到一种新的证法，他都获得一种探索成功的快乐。就是凭着这股执着的劲头，只是一名中学生的他竟然发现了平面几何中的连环定理，并把其中最简单的情形写成文章，发表在《数学通报》上，第一次显露了他的数学才华。

华人风采

走进科学的殿堂

临近高中毕业时,周毓麟做好了报考数学专业的打算。他的一位好朋友劝他说:"研究数学作为业余爱好可以,作为职业是不可取的,将来只能坐冷板凳,当个穷教师。"可是周毓麟认准了数学是一门最基础的学科,几乎每一门自然科学都需要它,具有广阔的发展前景。

1941年,周毓麟如愿以偿,考取了上海大同大学数学系。在大学四年里,他发愤苦读,不仅学完了数学系的全部课程,而且学完了物理系的全部课程,以优异的成绩于1945年毕业了。

1946年,他到中央研究院数学研究所任助理员。1949年起在清华大学数学系,北京大学数学、力学系历任讲师、教研室主任。周毓麟在20世纪40年代后期开始组合拓扑学研究,完成多种研究工作。

1954年,周毓麟去苏联莫斯科大学教学力学系学习,1957年获苏联莫斯科大学数学力学系物理数学科学副博士学位。20世纪50年代中期以来,在非线性偏微分方程近代理论研究方面作出重要贡献。

1960年5月调核工业部,周毓麟奉调参加我国核武器的理论研究工作,主管数值模拟与流体力学方面的研究,为我国第一颗原子弹的研制成功,为我国氢弹原理的突破及战略武器的理论设计,都作出了重大贡献。特别是关于流体力学与一些物理方程数值方法研究,流体运动中波系相互作用结构的研究,给出了一批具有实际使用价值的计算方法,为核武器理论研究起了重要作用。他还带出了一支相当规模的计算数学队伍。

后历任核工业部研究所副所长,1991年当选为中国科学院院士,现为北京应用物理与计算数学研究所研究员。

周毓麟多年来在拓扑学、偏微分方程、计算数学、计算力学、计算机应用等方面,在国内外学术刊物上发表论文百余篇,撰写出版专著4册。1982年获国家自然科学奖一等奖,1985年获国家科学技术进步奖特等奖,1987年获国家自然科学奖三等奖。

周毓麟对非线性正则与退化抛物型与椭圆型方程的各类问题做了很多有意义的工作，其合作完成的关于渗透方程的研究成果，被国内外同行专家公认为是这重要研究方向的经典性研究，在30多年后的今天仍不断被引用。

10多年来，周毓麟对于一系列具有极强物理意义的非线性发展方程问题的存在性、唯一性、稳定性、渐进性等进行了很多完整系统的研究。特别是铁磁链型强退化的非线性抛物组的各种问题整体解的研究成果，受到国内外同行专家的重视。他在离散函数类中建立起范数间的内插关系，利用这些离散冷承分析的结果，研究了各种类型非线性发展偏微分方程的差分格式，使有限差分法理论形成一个新系统。他精于偏微分方程解与差分格式解的先验估计，很早就开始采用拓扑方法不动点原理的框架来进行整体解的研究。

2006年8月，首届中国"苏步青应用数学奖"在南京理工大学颁奖，中国科学院院士周毓麟荣获首届"苏步青应用数学奖特别奖"。

周毓麟的主要著作有：《周毓麟文集》、《偏微分方程》、《一维非常流体力学》，现存于宁波市图书馆"地方文献·甬籍名人名作库"。

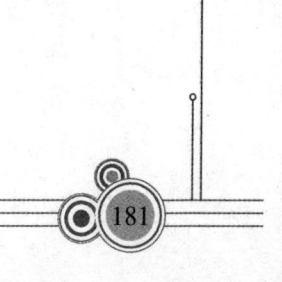

走进科学的殿堂

"中国民法三杰"之一

华人风采

江平(1930—),最负盛名的民商法专家,原中国政法大学校长,全国人民代表大会《中华人民共和国民法典》编纂负责人,被誉为"中国民法三杰"之一。

江平

江平于1930年12月出生在大连,祖籍浙江宁波。1948年考取北京燕京大学新闻系,攻读新闻专业,1949年毕业。1951年入莫斯科大学法律系学习,1956年毕业回国,入北京政法学院任教。

1988年被比利时根特大学授予名誉法学教授。1982年起,曾任北京政法学院副院长,1988年任中国政法大学副校长,后任校长。

江平1988年访问意大利期间,促成了与意大利国家科研委员会罗马法传播研究组的合作,该合作所确定的翻译计划,对于促进罗马法在中国的传播和研究具有重要意义。

江平主持了"外国法律文库"的翻译工作,承担了《民法通则》、《公司法》、《信托法》等多项法律的起草任务。是《民法通则》四人专家小组成员之一;《行政诉讼法》起草专家小组组长;《信托法》起草

专家小组组长；《合同法》专家小组组长；七届全国人大代表、七届全国人民代表大会常务委员会委员、七届全国人大法律委员会副主任委员；法律委员会副主任、中国法学会副会长。《中国大百科全书·法学卷》编委兼民法学科主编、《中国司法大词典》主编。

后任中国政法大学学术委员会委员、民法学教授、全国人民代表大会《中华人民共和国民法典》编纂负责人。享受国务院颁发的政府特殊津贴待遇。

江平曾赴比利时根特大学、香港大学、意大利第二罗马大学、美国哥伦比亚大学讲学，获比利时根特大学名誉法学博士、意大利第二罗马大学名誉法学博士，并任秘鲁天主教大学名誉法学教授。是新中国继宋庆龄、邓小平之后被国外著名大学授予名誉法学博士学位的学者。

江平教授曾被授予有突出贡献的中青年专家、全国优秀教师荣誉称号。其主编的《刑法学原理》获国家图书最高奖项——第二届国家图书奖；主编的《中国刑法学》获第二届中国高等学校优秀教材特等奖；主编的《刑法学》获中国国家级优秀教材一等奖和中国司法部优秀教材一等奖。曾被收入英国剑桥世界名人录，并被收入中国多种版本的著名学者、著名法学家名录。

江平现任中国政法大学终身教授、民商法博士生导师；北京仲裁委员会主任，中国法学会比较法研究会会长。

江平的著作论文主要有：《罗马法基础》（与米健合著，中国政法大学出版社1987年版）、《罗马法精神在中国的复兴》（1994年罗马法国际研讨会主题发言）、《制定民法典的几点宏观思考》（载《政法论坛》1997年第3期）、《民法典：建设社会主义法治国家的基础》（载《法律科学》1998年第3期）、《论信用——从古罗马法到现代社会》（载《东吴法学》苏州大学百年校庆专号）、《法人制度论》（主编，

1994年)、《展望21世纪民商法》(1999年12月法大演讲)、《罗马法》(讲义教材,1981年)、《西方国家民商法概要》(1984年)、《江平文集》(2000年12月,中国法制出版社)。

地质协会最高奖获得者

赵鹏大（1931—　），中共党员，博士生导师，中科院院士，数学地质学家。

赵鹏大于1931年5月25日出生在辽宁沈阳清原的一个铁路小职员家庭，满族人，童年和少年时代正值中国多事之秋，从小就随父母逃难，过着动荡的生活。从初小开始直至高中毕业换了6所学校，但不论搬迁到何地，其父母都没有让他耽误学业。12岁离开父母到四川自贡市静宁寺处的国立东北中山中学住校读初中。学校的教师都是从北方流亡到四川的原名牌大学教授。如原清华、北师大等校的教授担任外语、数学、化学、生物等课程的任课老师。在这艰苦的生活中，使他从小就能独立生活，适应集体，整齐有序，严格守时，行动敏捷等。

由于从小就立志学习地质，唯一的志向目标是报考北京大学地质系，1948年赵鹏大中学毕业后，以优异成绩考入北京大学。

北京大学地质系有极好的学习条件和环境，尤其是师生之间亲密无

走进科学的殿堂

间。当时北京大学地质系荟萃了很多中国一流的地质学家，注重培养学生的自学能力、实践能力和创新精神。1952 年，赵鹏大以论文《陕北四郎油田地质问题》通过毕业论文答辩。从北京大学毕业后，在全国院系调整中分配到刚刚筹建的北京地质学院。

1954 年，赵鹏大被国家派往苏联莫斯科地质勘探学院攻读研究生，师从著名地质大师，了解了地质学发展动态，参与了前沿课题的研究。

1958 年，赵鹏大从莫斯科地质勘探学院研究生毕业并获副博士学位。回国后，在北京地质学院任副教授，承担了重要的教学和科研任务。在"矿产普查与勘探"教材建设中，赵鹏大第一次将"矿床勘探中矿体地质研究"作为专门章节编入教材，希望加强矿产勘查的理论基础。1958—1962 年，赵鹏大参加了在福建进行的 1：200000 地质填图及找矿工作，在《闽浙湘赣区域成矿规律》专著（1960 年）中提出"区域勘探评价"的概念，并以专门章节加以论述，首次从大区域角度研究矿床勘探程度、勘探经济及合理勘探程序。1960 年初，赵鹏大被评为北京市文教战线先进工作者出席了市文教群英会。

1983 年，以赵鹏大为首编著的《矿床统计预测》一书获地矿部优秀教材奖。1984 年和 1986 年，国务院学位委员会先后批准赵鹏大为"矿产普查与勘探"和"数学地质"两个学科的博士生导师。

1985 年，赵鹏大提出了"一个为主（教学），两个中心（人才培养，科学研究），三项功能（培养人才、发展科学、服务社会）"的办学思想。

1989 年，在美国华盛顿召开的第 28 届国际地质大会上，赵鹏大院士的《矿产定量预测的基本理论、基本准则和基本方法》，引起与会各国学者的关注和重视。

1992 年在日本召开的第 29 届国际地质大会上，赵鹏大院士受聘担任数学地质Ⅱ224 分组讲座会的主持人。大会期间，国际数学地质协会举行了隆重的授奖仪式，授予赵鹏大院士国际数学地质最高奖——克伦

白桦林里的学府——莫斯科大学

华盛顿国会大厦

宾奖章,他非常荣幸地成为获此殊荣的第一位亚洲人。

1993年,赵鹏大当选为中国科学院院士,1995年当选为俄罗斯自然科学院国际院士和国际高等学校科学院院士。

1996年,第30届国际地质大会在中国北京召开,赵鹏大院士担任负责筹备数学地质学科组讨论会的专门委员并主持分组讨论会。

赵鹏大后历任武汉地质学院教授、矿产地质系主任、院长,中国地质大学校长,第九届全国政协委员,国务院学位委员会委员及地质勘探、矿业、石油评议组召集人,全国矿产普查与勘探及数学地质协会专业委员会副主任、名誉主任,国际数学地质协会(IAMG)会员,国际定量地层委员会表决委员,全国博士后流动站管委会专家组成员,《地球科学》主编,《计算机与地球科学》(美国、英文版)编委,《不可再生资源》(美国、英文版)编委。

赵鹏大曾当选取为第七届全国人大代表、国际地质数据委员会亚洲

华人风采

走进科学的殿堂

地区代表、第八届湖北省政协委员，湖北省学位委员会副主任。

赵鹏大院士在几十年的科学活动中，始终如一地坚持实践第一，解决生产实际问题第一，以及理论与实践结合的思想。

几十年来，赵鹏大院士出版了10多部专著，在国内外刊物上发表百余篇学术论文，多次获国家和省部级奖励。国家劳动人事部于1988年授予他"国家级有突出贡献中青年科技专家"称号。

赵鹏大执教四十余年，从20世纪50年代开始，多次为本科生和研究生开设"矿床普查与勘探"课程。1978年首次在我国为研究生和本科生开设"数学地质"、"地质勘探中的统计分析"、"矿床统计预测"等课程。

赵鹏大院士指导培养的博士生有40余人，研究生多已成长为全国矿产资源勘探、预测和数学地质领域的骨干力量，各自取得了较多突出成就。

赵鹏大院士是国内外知名学者，在矿产勘察和数学地质方面有很深的造诣。莫斯科大学为了表彰赵鹏大对地球科学和俄中地学合所做的巨大贡献，特授予其莫斯科大学名誉教授称号。这一称号，既是对赵鹏大院士的充分肯定，也是对中俄友谊的肯定。